LA GESTIÓN DE LOS RECURSOS HUMANOS Y LA ADMINISTRACIÓN PÚBLICA

AUTORES

PERLA MARÍA REYES LÓPEZ

JESÚS CARLOS MARTÍNEZ RUIZ

JESÚS VELÁZQUEZ VALADEZ

JOSÉ LUIS BACA RODARTE

BSC

BSC

Diciembre, 2017

La Gestión De Los Recursos Humanos Y La
Administración Pública Authored by Perla María
Reyes López, Authored by Jesús Carlos Martínez
Ruiz, Authored by Jesús Velázquez Valadez,
Authored by José Luis Baca Rodarte
B Sides Collection
ISBN-13: 978-1948150019
ISBN-10: 1948150018

RESUMEN

La presente investigación tiene por objetivo primordial hacer una reflexión respecto a la administración pública en el caso del Instituto Chihuahuense de la Cultura en Ciudad Juárez. Se trata de analizar de forma empírica los modelos de gestión de sus recursos humanos, tanto sus problemas, como sus aciertos. La gobernanza democrática, como modelo a aspirar dentro de la administración pública es un aspecto importante que los actores sociales -políticas, ciudadanía, empresas y prestadores de servicio, organizaciones de la sociedad civil, etcétera- deben contemplar para actuar de manera organizada y así brindar un mejor servicio público, donde se ofrezcan productos culturales que mejoren la calidad educacional y de vida para los juarenses. En este estudio encontramos que, si bien los servidores públicos tienen una amplia experiencia en sus áreas: Tienen poco presupuesto para operar sus programas. La institución no les brinda capacitación; no existe inducción; falta personal; dentro de los procesos no se cumple la estructura organizacional porque cada empleado hace las labores de varios puesto y no existe un plan de incentivos. Esta tesis propone que si se realiza una estructura organizacional clara, las problemáticas que presenta la institución se pueden solucionar; y de esa manera se aplicaría un modelo de gobernanza más eficiente que se vería reflejado hacia el exterior.

Palabras clave: Administración pública, gobernanza, estructura organizacional, Ciudad Juárez.

ABSTRACT

This research aims primarily to make a reflection on public administration in the case of Chihuahua Institute of Culture in Ciudad Juarez. It is empirically analyze models of management of human resources, both their problems and their successes. Democratic governance, as a model to aspire within the public administration is an important aspect that the social-political actors, citizens, businesses and service providers, civil society organizations, etcetera should look to act in an organized manner and thus provide better public service, where cultural products that improve educational quality and life for community offered. In this study we found that although public servants have extensive experience in their fields: They have a budget to operate its programs. The institution does not provide them with training; no induction; personal foul; processes within the organizational structure is not fulfilled because each employee does the work of several post and there is no incentive plan. This thesis proposes that if a clear organizational structure is done, the problems that presents the institution can be solved; and thus a more efficient model of governance that would be reflected outward would apply.

Keywords: Public administration, governance, organizational structure, Ciudad Juarez.

CONTENIDO

INTRODUCCIÓN

Un área tan importante y estratégica como lo es la de recursos humanos debería de ser debidamente atendida por todas las instancias de la actividad administrativa, sea está pública o privada, ya que es una perdida muy grande de recursos para cualquier empresa el hecho de estar casi empezando de cero cuando se dan los cambios en la administración publica en el inicio de cualquier gestión federal, estatal o municipal.

La cuestión cobra mayor relevancia si consideramos que son recursos financieros de todos los ciudadanos los que se están desperdiciando y malgastando, tal situación se da siempre en los cambios de gestión administrativa sean de tres años a nivel municipal, o de seis a nivel estatal y federal, no importándole a las nuevas autoridades si hay trabajo bien realizado por sus antecesores aun siendo del mismo signo político (partido) y máxime si hay cambio de partido de una gestión gubernamental a otra.

Pareciera como si quisieran desaparecer los vestigios de sus antecesores y descubrir el hilo negro con nuevas formas de hacer las cosas y con una soberbia administrativa que nos cuesta a todos los ciudadanos.

La administración del recurso humano y de las otras áreas (financiero y material) no deberían de verse involucrados en los vaivenes políticos del país, estados o municipios, sino aprovechar lo mejor de lo realizado por los que antecedieron, ya que siempre hay cosas que rescatar, y partiendo de ahí realizar mejoras, las que sean necesarias, pero siempre aprovechando las experiencias buenas y malas del personal del área, para que de una forma más rápida y eficiente prestar el servicio a la población en general que es el fin elemental de toda administración pública.

Existen casos en países europeos o anglosajones donde los resultados son eficientes cuando las instituciones son manejadas por administradores de gran experiencia o cuando se trata de un servicio de gran demanda. En el caso de las instituciones de cultura no existe, por lo general, la segunda condición. Para tener un indicio si la administración de un instituto de esta naturaleza funciona, es necesario utilizar las herramientas que ofrece la escuela de administración empírica, donde la teoría se basa sobre hechos, corrigiendo errores, con datos donde los principios son netamente empíricos, y para ello, la experiencia de los recursos humanos es una materia prima básica para el análisis de los datos.

Por este motivo, la presente investigación tiene por objetivo primordial hacer una reflexión respecto a la administración pública en el caso del Instituto Chihuahuense de la Cultura en Ciudad Juárez. Se trata de analizar de forma empírica los modelos de gestión de sus recursos humanos, tanto sus problemas, como sus aciertos. La gobernanza democrática Análisis y Desarrollo de Gobernanza en la Administración Pública como modelo a aspirar dentro de la administración pública es un aspecto importante que los actores sociales - políticas, ciudadanía, empresas y prestadores de servicio, organizaciones de la sociedad civil, etc deben contemplar para actuar de manera organizada y así brindar un mejor servicio

10

público, donde se ofrezcan productos culturales que mejoren la calidad educacional y de vida para los juarenses.

Es necesario que los servidores públicos, en este caso de la cultura y el arte, cuenten con las herramientas a través de un manual de operaciones, para realizar sus funciones, así como la constante evaluación y estímulo a su desempeño laboral. Para lograr este propósito, es primordial cuenten dentro de sus líneas de acción las bases de lo que es la gobernanza, y para ello es necesario preguntarnos cuáles serían las fórmulas pertinentes de ejercerla dentro de una institución pública de cultura que permitan alcanzar niveles de bienestar acordes con las expectativas de Ciudad Juárez.

Por otro lado, si existen antecedentes de trabajo de esta naturaleza, se pueden mejorar las competencias centrales de cada administración, la cual tiene la característica de cambiar de recursos humanos cada que hay elecciones, y quienes están al mando ponen a la gente de su confianza a ocupar los puestos. Esta rotación de personal, por lo general, afecta al servicio que ofrece el instituto porque se lleva todo el conocimiento cada cambio de administración, y cada tres o seis años hay que construir de nueva cuenta todas las estrategias de operación, lo que quita mucho tiempo. En cambio, si se les ofrece una mirada de cómo hacer las cosas, desde los conocimientos del Análisis y Desarrollo de Gobernanza en la Administración Pública y no tanto de la política, las instituciones de gobierno podrían brindar un mejor servicio.

11

CAPITULO 1

1. PLANTEAMIENTO DEL PROBLEMA

El Instituto Chihuahuense de la Cultura, Representación Juárez, es una institución que depende del gobierno estatal de Chihuahua, y en su objetivo plantea promover el desarrollo cultural de la población del Estado de Chihuahua orientado a generar escenarios de mayor calidad de vida y enriquecimiento de las potencialidades humana tales como el diálogo intercultural, la convivencia, el respeto por la diversidad, la diversificación de los consumos culturales la expresividad artística y la solidaridad.

Sin embargo, la administración falló porque en su Visión prometió que para el 2016 el Instituto Chihuahuense de la Cultura será reconocido como la institución encargada de promover el reconocimiento y respeto de la diversidad cultural, la protección del patrimonio cultural, la difusión y disfrute de la creatividad y expresividad artística, como elementos fundamentales del desarrollo social y humano y como factores determinantes de la formación integral para la vida digna de la población del estado; y esto no sucedió porque debido a la falta de reglamentos que funcionen con la claridad de un manual de operaciones, porque los lineamientos con los que cuenta el ICHICULT ya no responden a las necesidades culturales ante los cambios radicales que vive la sociedad chihuahuense, que debe tener acceso a la cultura porque es un derecho señalado por la UNESCO. Por tanto, la ciudadanía requiere de una administración cultural acorde a sus necesidades.

1.1 ANTECEDENTES

La Representación Juárez, del Instituto Chihuahuense de la Cultura fue creada en el año 1991 y actualmente continúa dependiendo de la Secretaría de Educación, Cultura y Deporte. El 28 de febrero del 2001 se promulgó La Ley de patrimonio cultural del Estado de Chihuahua. La propuesta de la Ley General para el Desarrollo Cultural de Chihuahua, cuyo último debate se habría dado en el año 2010, sin llegar a votarse en el Congreso del estado, se presentó en el 2008 para que se discutiera. En 2015 se creó la Secretaría de Cultura, y el CONACULTA creado en 1988 desapareció en favor de la nueva estructura nacional.

El Ichicult tiene como una estrategia de atender a la población juarense que era la primera en importancia debido al auge del sector maquilador, que con el crecimiento de la ciudad migrante, requirió de todo tipo de servicios, entre ellos los de la cultura porque no había una comunicación directa que atendiera a los agentes de la cultura (promotores y gestores culturales, artistas, creadores, artesanos, intelectuales, compañías y empresas culturales).

13

Mientras la maquiladora, es decir, el sector privado, ofrecían para esos años las mejores condiciones en la calidad del servicio, las instituciones públicas, sobre todo las de cultura, todavía no generaban estos procesos de la misma manera. Una de las causas, puede ser porque los burócratas están supeditados a cambios de administración tanto municipal como estatal, entonces, ejercer las políticas y prácticas de los recursos humanos resulta muchas veces una estrategia inútil, debido a la constante rotación de personal. Cada líder político y jefe de departamento, llega con su equipo de confianza, la cual dura de tres a seis años, según la adscripción y el partido político al que pertenezca.

Estos puestos administrativos son llamados "personal de confianza". La gente de base y la sindicalizada ya es menos en comparación al siglo pasado. En las instituciones de cultura, este modelo funciona de la misma manera. Aquí es donde radica la problemática del tema a investigar dentro de esta tesis: ¿Qué tipo de prácticas de los recursos humanos se pueden ejercer cuando una institución pública tiene en su mayoría de empleados a personal de confianza?

Diversos autores han abordado el tema de las políticas y prácticas en la administración y gestión de los recursos humanos de manera aislada. No existen fuentes de manera asequible que indiquen la existencia de una investigación similar a la que se ofrece en esta tesis, lo que le da relevancia a la investigación. La búsqueda se complica cuando se agrega el tema de las instituciones públicas a la ecuación. Lo que no exenta de ser un tema que puede ser perfectamente ligado para

14

la discusión académica. En la revisión de la literatura, específicamente en lo concerniente al estado del arte -también conocido como el estado de la cuestión- se encontraron estudios empíricos que dan luz a la temática a tratar, aunque como se menciona, todas las investigaciones son aisladas y los contextos también son diversos. Pero, el reto de una investigación es el hacer aportes científicos, agregar nuevas evidencias a las investigaciones ya realizadas, debatir estas investigaciones o, como es el caso, aplicarlas de manera parcial para el estudio de un nuevo caso. A continuación se hace una narrativa del tema en cuestión.

Emilio R. Rodríguez-Ponce hizo un estudio en instituciones públicas de educación en Chile. En su investigación señala que para las empresas, en este caso una institución pública, "el recurso esencial en estos tiempos es el conocimiento" (Rodríguez-Ponce, 2007: 820), aunque cuando lleva esta discusión a la práctica, encuentra que además es básica para la dirección de cualquier empresa, negocio o, valga la redundancia, institución. Además, su trabajo se diseñó "empleando técnicas econométricas, las fases de la gestión del conocimiento tales como: crear, compartir y aplicar conocimientos, con el diseño e implementación de la estrategia y subsecuentemente, con el nivel de eficacia que logran las organizaciones públicas" (Rodríguez-Ponce, 2007: 820).

Entre los hallazgos más importantes en la investigación de nuestro autor, se evidenció que los resultados obtenidos en la gestión del conocimiento influyen fuertemente en el diseño de la estrategia, pero no son determinantes para la implementación de dichas estrategias. Sin embargo, tanto la gestión como el diseño de la estrategia influyen en la eficacia de las instituciones públicas (Rodríguez-Ponce, 2007).

Respecto a la gestión pública, en concreto a la evaluación de las políticas con el fin de proporcionar servicios eficaces, José Mejía Lira tiene un estudio descriptivo que hace un análisis práctico en la evaluación en diversos países. Lo interesante de este estudio, es que se centra en los temas de gobernanza y gestión pública (Mejía, S/F), temas relevantes para la presente investigación, ya que sus reflexiones posibilitan la discusión con la el Instituto Chihuahuense de la Cultura para ver si los hallazgos encontrados coinciden con los datos proporcionados por los informantes de esta tesis.

En el caso de México, el investigador señala: "Uno de los problemas más comunes que enfrentan muchas administraciones públicas, es la ausencia de un método eficaz y sistemático para medir el rendimiento de su gestión y evaluar sus resultados. El interés tanto administrativo como político, se ha orientado más bien a controlar los insumos" (Mejía, S/F: 2). Para dar respuesta a este problema se propuso como objetivos: "Identificar áreas críticas que influyen en el diseño e implementación de la evaluación de la gestión pública orientada a resultados en México y desarrollar hipótesis sobre el papel que la evaluación juega en la modernización y democratización del Estado mexicano" (Mejía, S/F: 4). La investigación reveló que la administración pública mexicana está ganando terreno y que la voz del cliente se escucha cada vez más. Entendemos por cliente a la ciudadanía, pero también se puede argumentar que

16

se trata de los trabajadores o prestadores de servicio. Sin embargo, debemos aclarar que este estudio fue hecho antes de las reformas laborales que sufrió México con el gobierno del presidente Enrique Peña Nieto, quien tomó posesión del cargo en 2012.

Para analizar la problemática, esta investigación se centrará en la actual administración estatal: los empleados de confianza del Instituto Chihuahuense de Cultura durante el periodo de 2010-2016 en Ciudad Juárez, Chihuahua. Se tomará como universo de estudio, a empleados de la Representación del Instituto, porque son los dos departamentos que administran los recursos humanos de la institución pública en mención; sin embargo, quienes trabajan en el Centro Cultural Paso del Norte reportan para otro departamento.

Siguiendo el orden de ideas, hay que iniciar el debate argumentando que la academia también está supeditada a los modelos de globalización, no sólo el Estado, y/o los países en vías de desarrollo, también llamados del Tercer Mundo, el mercado global es el que dicta las dinámicas sociales, la reconfiguración del espacio público, el ordenamiento mundial, por ende, las dinámicas que se gestan dentro de la gobernanza y la administración pública.

En un lugar como Ciudad Juárez, estas dinámicas están supeditadas a un modelo maquilador y fronterizo. Entonces, la geografía de una ciudad guarda relación con las dinámicas sociales que se ejercen en ellas. Este tópico resulta doblemente trascendente cuando se vive en un país, y en una ciudad, donde

17

la desigualdad social se mezcla con factores como la violencia extrema, la cual desencadena la precarización de la vida humana (Valenzuela, 2012), tal es el caso de Ciudad Juárez. Si bien la violencia que vive Ciudad Juárez no es el punto central de esta tesis, sí existen algunas relaciones importantes con el hecho de que la administración pública cambie las dinámicas de las instituciones del Estado. Es decir, se debe pensar en el contexto geopolítico donde está inserta la población objetivo para tratar de comprender las circunstancias sociales que impiden o posibilitan su desarrollo personal.

Por lo tanto, a mejores políticas y prácticas de los recursos humanos, mejores acciones para el ejercicio sano de la administración pública. Ello implica que si los recursos están distribuidos de manera eficiente y equitativa en las zonas donde se combinan varias problemáticas relacionadas con el desarrollo humano, se puede garantizar que un mayor número de personas goce de los bienes públicos a los que tiene derecho. Sin embargo, también es sabido que las estrategias para destinar los recursos están supeditadas a condicionantes de tipo político, económico y por tanto, a la distribución geográfica del territorio. Ciudad Juárez y su condición de frontera con Estados Unidos, por ejemplo, fusiona la barrera visible y simbólica entre el primer y tercer mundo; además de contar con situaciones geográficas características que posibilitan el arraigo de problemáticas amalgamadas en los polígonos de pobreza y que necesariamente guardan relación los recursos humanos. Por ejemplo, un estudio de Carrillo y Hualde (1996) demostró que desde los 90s surgió la tercera generación de la industria maquiladora, cuyo componente humano enriquece "un tipo

18

distinto de empresas maquiladoras o de tercera generación constituida por centros de investigación, diseño y desarrollo a partir del aprendizaje organizacional" (Carrillo y Hualde, 1996: 1)

Planteamiento del contexto especifico

Las políticas y las prácticas en la administración y gestión de los recursos humanos dentro de las instituciones, tanto públicas como privadas, han sido estudiadas por la academia y los especialistas en administración hasta los años 80, pero tomaron relevancia hasta los 90 (Guillén y Lorente, 2003). En Ciudad Juárez, estos temas también han sido poco retomados por los investigadores, aunque lo cierto es que también existen casos muy loables en las prácticas empíricas; es decir, desde la aplicación y administración de los recursos humanos dentro de las empresas.

Sin embargo, las instituciones públicas todavía no generan estos procesos de la misma manera que las empresas. Una de las causas, puede ser porque los burócratas están supeditados a cambios de administración tanto municipal como estatal, entonces, ejercer las políticas y prácticas de los recursos humanos resulta muchas veces una estrategia inútil, debido a la constante rotación de personal. Cada líder político y jefe de departamento, llega con su equipo de confianza, la cual dura de tres a seis años, según la adscripción y el partido político al que pertenezca. Estos puestos administrativos son llamados "personal de confianza". La gente de base y la sindicalizada ya es menos en comparación al siglo pasado. En las instituciones de cultura, este modelo funciona de la misma manera. Aquí es donde radica la problemática del tema a investigar dentro de esta tesis: ¿Qué tipo de prácticas de los recursos humanos se pueden ejercer cuando una institución pública tiene en su mayoría de empleados a personal de confianza?

Diversos autores han abordado el tema de las políticas y prácticas en la administración y gestión de los recursos humanos de manera aislada. No existen fuentes de manera asequible que indiquen la existencia de una investigación similar a la que se ofrece en esta tesis, lo que le da relevancia a la investigación. La búsqueda se complica cuando se agrega el tema de las instituciones públicas a la ecuación. Lo que no exenta de ser un tema que puede ser perfectamente ligado para la discusión académica. En la revisión de la literatura, específicamente en lo concerniente al estado del arte -también conocido como el estado de la cuestión- se encontraron estudios empíricos que dan luz a la temática a tratar, aunque como se menciona, todas las investigaciones son aisladas y los contextos también son diversos. Pero, el reto de una investigación es el hacer aportes científicos, agregar nuevas evidencias a las investigaciones ya realizadas, debatir estas investigaciones o, como es el caso, aplicarlas de manera parcial para el estudio de un nuevo caso. A continuación se hace una narrativa del tema en cuestión.

Emilio R. Rodríguez-Ponce hizo un estudio en instituciones públicas de educación en Chile. En su investigación señala que para las empresas, en este caso una institución pública, "el recurso esencial en estos tiempos es el conocimiento" (Rodríguez-Ponce, 2007: 820), aunque cuando lleva esta discusión a la práctica, encuentra que además es básica para la dirección de cualquier empresa, negocio o, valga la redundancia, institución. Además, su trabajo se diseñó "empleando técnicas econométricas, las fases de la gestión del conocimiento tales como: crear, compartir y aplicar conocimientos, con el diseño e implementación de la estrategia y subsecuentemente, con el nivel de eficacia que logran las organizaciones públicas" (Rodríguez-Ponce, 2007: 820).

Entre los hallazgos más importantes en la investigación de nuestro autor, se evidenció que los resultados obtenidos en la gestión del conocimiento influyen fuertemente en el diseño de la estrategia, pero no son determinantes para la implementación de dichas estrategias. Sin embargo, tanto la gestión como el diseño de la estrategia influyen en la eficacia de las instituciones públicas (Rodríguez-Ponce, 2007).

Respecto a la gestión pública, en concreto a la evaluación de las políticas con el fin de proporcionar servicios eficaces, José Mejía Lira tiene un estudio descriptivo que hace un análisis práctico en la evaluación en diversos países. Lo interesante de este estudio, es que se centra en los temas de gobernanza y gestión pública (Mejía, S/F), temas relevantes para la presente investigación, ya que sus reflexiones posibilitan la discusión con la el Instituto Chihuahuense de la Cultura para ver si los hallazgos encontrados coinciden con los datos proporcionados por los informantes de esta tesis.

En el caso de México, el investigador señala: "Uno de los problemas más comunes que enfrentan muchas

21

administraciones públicas, es la ausencia de un método eficaz y sistemático para medir el rendimiento de su gestión y evaluar sus resultados. El interés tanto administrativo como político, se ha orientado más bien a controlar los insumos" (Mejía, S/F: 2). Para dar respuesta a este problema se propuso como objetivos: "Identificar áreas críticas que influyen en el diseño e implementación de la evaluación de la gestión pública orientada a resultados en México y desarrollar hipótesis sobre el papel que la evaluación juega en la modernización y democratización del Estado mexicano" (Mejía, S/F: 4). La investigación reveló que la administración pública mexicana está ganando terreno y que la voz del cliente se escucha cada vez más. Entendemos por cliente a la ciudadanía, pero también se puede argumentar que se trata de los trabajadores o prestadores de servicio. Sin embargo, debemos aclarar que este estudio fue hecho antes de las reformas laborales que sufrió México con el gobierno del presidente Enrique Peña Nieto, quien tomó posesión del cargo en 2012.

1.2 FORMULACIÓN DEL PROBLEMA

Las políticas y prácticas de gobernanza que ejercen los recursos humanos dentro de una institución pública, en este caso, en el Instituto Chihuahuense de la Cultura, ¿serán un éxito o un fracaso de gobernabilidad?

Para analizar la problemática, esta investigación se centrará en la actual administración estatal: los empleados de confianza del Instituto Chihuahuense de Cultura durante el periodo de 2010-

2016 en Ciudad Juárez, Chihuahua. Se tomará como universo de estudio, a empleados de la Representación del Instituto, porque son los dos departamentos que administran los recursos humanos de la institución pública en mención; sin embargo, quienes trabajan en el Centro Cultural Paso del Norte reportan para otro departamento.

Siguiendo el orden de ideas, hay que iniciar el debate argumentando que la academia también está supeditada a los modelos de globalización, no sólo el Estado, y/o los países en vías de desarrollo, también llamados del Tercer Mundo, el mercado global es el que dicta las dinámicas sociales, la reconfiguración del espacio público, el ordenamiento mundial, por ende, las dinámicas que se gestan dentro de la gobernanza y la administración pública.

En un lugar como Ciudad Juárez, estas dinámicas están supeditadas a un modelo maquilador y fronterizo. Entonces, la geografía de una ciudad guarda relación con las dinámicas sociales que se ejercen en ellas. Este tópico resulta doblemente trascendente cuando se vive en un país, y en una ciudad, donde la desigualdad social se mezcla con factores como la violencia extrema, la cual desencadena la precarización de la vida humana (Valenzuela, 2012), tal es el caso de Ciudad Juárez. Si bien la violencia que vive Ciudad Juárez no es el punto central de esta tesis, sí existen algunas relaciones importantes con el hecho de que la administración pública cambie las dinámicas de las instituciones del Estado. Es decir, se debe pensar en el contexto geopolítico donde está inserta la

23

población objetivo para tratar de comprender las circunstancias sociales que impiden o posibilitan su desarrollo personal.

Por lo tanto, a mejores políticas y prácticas de los recursos humanos, mejores acciones para el ejercicio sano de la administración pública. Ello implica que si los recursos están distribuidos de manera eficiente y equitativa en las zonas donde se combinan varias problemáticas relacionadas con el desarrollo humano, se puede garantizar que un mayor número de personas goce de los bienes públicos a los que tiene derecho. Sin embargo, también es sabido que las estrategias para destinar los recursos están supeditadas a condicionantes de tipo político, económico y por tanto, a la distribución geográfica del territorio. Ciudad Juárez y su condición de frontera con Estados Unidos, por ejemplo, fusiona la barrera visible y simbólica entre el primer y tercer mundo; además de contar con situaciones geográficas características que posibilitan el arraigo de problemáticas amalgamadas en los polígonos de pobreza y que necesariamente guardan relación los recursos humanos. Por ejemplo, un estudio de Carrillo y Hualde (1996) demostró que desde los 90s surgió la tercera generación de la industria maquiladora, cuyo componente humano enriquece "un tipo distinto de empresas maquiladoras o de tercera generación constituida por centros de investigación, diseño y desarrollo a partir del aprendizaje organizacional" (Carrillo y Hualde, 1996: 1).

24

1.3 PREGUNTAS DE INVESTIGACION

Para ofrecer respuestas a las problemáticas planteadas diseñé las siguientes preguntas de investigación:

¿Cuáles son los mecanismos implementados por el ICHICULT para que sus empleados desempeñen un trabajo óptimo dentro de los modelos de gobernanza?

¿Cómo viven y experimentan los empleados del ICHICULT los modelos de gobernanza hacia el interior, como trabajadores; y hacia el exterior, como servidores públicos?

¿Qué características necesita cada puesto dentro del instituto para ofrecer un servicio eficiente a la ciudadanía?

1.4 OBJETIVOS

1.4.1 Objetivo general

Analizar las prácticas de gobernanza que ejercen los recursos humanos dentro del Instituto Chihuahuense de la Cultura en Ciudad Juárez, durante la administración 2010-2015, para comprender los casos de éxito o fracaso de gobernabilidad, desde la mirada de los servidores públicos que laboraron dentro de la institución durante ese periodo.

1.4.2 Objetivos específicos

-Analizar el caso de la Representación Juárez del Instituto Chihuahuense de la Cultura a través de observación participante, entrevistas semiestructuradas.

25

-Crear perfiles para los trabajadores basados en las características del puesto y en las prácticas de gobernanza que se generan dentro de la institución pública, con el fin de que cuando exista cambio de rotación de personal, el ICHICULT no deje sus proyectos inconclusos.

-Diseñar un modelo de gobernanza desde una política cultural, basada en un modelo que tome en cuenta el entorno cultural de Ciudad Juárez.

1.5 JUSTIFICACIÓN

Es necesario que los servidores públicos, en este caso de la cultura y el arte, cuenten con las herramientas teórico-metodológicas para realizar sus funciones, así como la constante evaluación y estímulo a su desempeño laboral. Para lograr este propósito, es primordial que los funcionarios tengan las bases de lo que es la gobernanza, y para ello es necesario preguntarnos cuáles serían las fórmulas pertinentes de ejercerla dentro de una institución pública de cultura que permitan alcanzar niveles de bienestar acordes con las expectativas de Ciudad Juárez. Para considerar que una administración pública tiene éxito.

1.6 HIPOTESIS

H1.- Las política y prácticas de los recursos humanos dentro del ICHICULT, durante la administración 2010-2015, no tienen una

26

línea de gobernanza clara para desarrollar su trabajo, en parte por los cambios de administración y en parte porque los modelos centralistas de gobernanza no tienen conexión entre las oficinas de administrativas del Estado con las locales.

H2.- Los empleados de bajo nivel dentro del ICHICULT, si bien han realizado un trabajo acorde a las necesidades del instituto, lo cierto es que no cuentan con las herramientas de capacitación dictadas desde Chihuahua.

H3.- No existen modelos de operación de cada puesto para la óptima gestión de recursos humanos dentro del instituto, por ende, cada administración tiene que comenzar con información nueva, crear las bases y aplicar las políticas culturales.

H4.- Los informantes, a pesar de la falta de capacitación, realizan su trabajo con calidad; sin embargo, si el modelo fuera claro, su trabajo sería más eficiente.

1.7 CRITERIOS DE EVALUACION DE LA INVESTIGACION

Los criterios de investigación fuero considerados por orden de:

Importancia

• ¿Qué tan conveniente o importante es la investigación?, esto es, ¿para qué sirve?

Relevancia / Empresa.

27

• ¿Cuál es su trascendencia para la institucion?, ¿quiénes se beneficiarán con los resultados de la investigación?, ¿de qué modo? En resumen, ¿qué alcance relevante tiene?

Implicaciones prácticas.

• ¿Ayudará a resolver algún problema práctico dentro de la institucion?, ¿tiene implicaciones trascendentales para una amplia gama de problemas prácticos dentro del departamento de recursos humanos?

Valor teórico.

• Con la investigación, ¿se llenará algún hueco de conocimiento dentro de la institucion?, ¿la información que se obtenga puede servir para comentar, desarrollar esquemas de calidad o servicio a la ciudadanía?, ¿se podrá conocer en mayor medida la aplicación de la política pública cultural con beneficio de la ciudadanía?, ¿ofrece la posibilidad de una exploración fructífera de algún fenómeno?

Utilidad metodológica.

• La investigación, ¿puede ayudar a crear un nuevo instrumento para recolectar o analizar datos?

Ventaja competitiva

• Dicha investigación ¿reflejara ventajas competitivas para la institución? ¿Cómo, Cuándo y Porque?

1.8 VIABILIDAD DE LA INVESTIGACION

La presente investigación resulta viable ya que ayuda al establecimiento de una política cultural que permita que la continuidad de los proyectos culturales aun cuando la administración concluya, siendo de gran ayuda para el entorno social y el crecimiento de los creativos.

Permitiendo que el ICHICULT trascienda como una institución apartidista, ayudando a los sectores más sensibles de nuestra comunidad, función para la cual fue creado, y llenara ese vacío de gobernanza y oportunidades que existe entre los creativos y gobierno.

1.9 METODOLOGIA

Se explicara la vertiente y el proceso metodológico en el cual se basa esta investigación. En primer lugar, se abordan las perspectivas desde el enfoque cualitativo para interpretar la información en el Instituto Chihuahuense de la Cultura en Ciudad Juárez. En segundo orden, se presenta una descripción de los informantes, cuyas historias son parte central de esta tesis. Después, se presenta la estructura de encuesta sociodemográfica de los informantes, cuyos datos son centrales para entender las necesidades de los trabajadores dentro de la institución pública. Cabe mencionar, que a los informantes se les hará firmar una carta de consentimiento informado para poder usar las respuestas en la investigación, donde además, se les brindará una copia donde se estipula que la información que brinde será anónima y confidencial. Por último, se presentan las herramientas y método cualitativo-cuantitativo que hicieron posible el análisis de esta información.

1.9.1 Delimitación espaciotemporal del estudio

El Instituto Chihuahuense de la Cultura de Ciudad Juárez desde el 2010 hasta el 30 de julio 2015.

1.9.2 Sujetos de estudio

Para la recolección de información se utilizaran tres métodos; a saber: observación participante y entrevistas a profundidad.

Observación participante.- Se han seleccionado eventos donde se pueda establecer las relaciones laborales, como la Toma de Ciudad Juárez, el Festival Internacional Chihuahua, la Feria del Libro, el Festival Infantil y Juvenil de Arte y Ciencia, entre otros.

Entrevista a profundidad.- Los informantes fueron identificados a través de las redes personales de la autora, de las redes sociales, así como artículos en los medios de comunicación, con el fin de denotar qué nombres aparecían de forma regular y en relación con los diferentes momentos de la administración, como es el caso en que hubo cambios de personal. Se utilizó el método de muestreo de bola de nieve, una vez que los primeros contactos se hicieron, se les pregunto a los informantes iniciales por otras personas que cumplieran con el perfil, y que por lo tanto, pudieran ser relevantes para el estudio.

30

La edad de los miembros de la muestra va desde personas entre los 30 años hasta personas entradas en los cincuenta años de edad. La población total se estima en alrededor de 23 trabajadores e incluye a personas que participan en las reuniones que hemos observado y documentado en las notas de campo detalladas. Con base en métodos estadísticos consideramos que una muestra diez personas, representa con precisión el comportamiento de la población total. Elegimos el género, la edad y la clase social de los informantes, de tal manera que ninguno de estos grupos fuese desproporcionalmente representado.

1.9.3 Unidad de análisis

La unidad de análisis es el espacio laboral y las relaciones que se generan entre los empleados y el Instituto Chihuahuense de la Cultura de Ciudad Juárez. La selección de los sujetos de estudio se consideró a partir de la nómina de empleados.

1.9.4 Mapa conceptual

31

TEORÍA	CONCEPTOS	INDICADORES	FUENTE
Teoría de los Recursos Humanos	Políticas Prácticas	Lugar de origen Edad Estado civil	Listas de asistencia, periódicos y literatura.
Administración pública	Instituciones públicas	Escolaridad Número de hijos Puesto laboral Fecha de ingreso Ocupación antes del ingreso al ICHICULT	Encuesta sociodemográfica
	Gestión de recursos humanos	Indicadores de monotonia y fatiga	Sala de armado de relés
Enfoque clásico de la teoría de la organización	Escuela de las relaciones humanas	Entorno laboral: Oportunidades de desarrollo. Capacitación. Bonos. Incentivos	Entrevistas semiestructuradas Análisis de las entrevistas

1.9.5 Información que se requiere para cumplir el objetivo

Revisión de la literatura y la bibliografía, listas de asistencia, nómina de empleados y los perfiles de empleados del Instituto Chihuahuense de la Cultura.

1.9.6 Material y método cuantitativo (datos duros):

a)   Se llevará a cabo la exploración cuantitativa con la aplicación de un instrumento integrado por la información política e institucional y las cifras oficiales del Instituto Chihuahuense de la Cultura. Los criterios de inclusión y exclusión se llevarán a cabo con la información de la población que cumpla con los requisitos de ser empleados en funciones desde el 2010 hasta el momento del levantamiento de la muestra. Se considerarán datos demográficos como: edad, estado civil, escolaridad, puesto, ocupación de la pareja según condición civil y cantidad de hijos y/o dependientes económicos. Para el análisis de los resultados se utilizará el programa SPSS 17.0 y el Excel.

1.9.7 Material y método cualitativo-interpretativo

-Análisis de políticas y valores institucionales: La historia documentada y oficial de la institución. La estructura, visión, misión e imagen pública del Instituto Chihuahuense de la Cultura; así como documentos públicos tales como periódicos, páginas web, etc.

-Documentación y análisis de narrativas personales: Realización de diez entrevistas semiestructuradas, con el fin de recopilar las narrativas personales centradas en la experiencia laboral de los entrevistados. En este caso, se motivará a los informantes a relatar historias sobre su experiencia laboral, y cómo se relaciona ésa con su vida personal y familiar, para que nos digan cómo perciben las prácticas y las políticas administrativas que se generan dentro de la gestión de recursos humanos de la institución pública.

-Se buscó una entrevista con un actor clave del Instituto Chihuahuense de la Cultura con el fin de examinar la relación que existe entre la institución y los trabajadores, principalmente en lo que se refiere a las políticas y prácticas dentro de la institución pública.

1.9.8 Estrategia metodológica

El modo de operacionalizar la información será investigar si dentro de las políticas administrativas y de Recursos Humanos del ICHICULT existe la sensación de que los líderes o jefes son parte del grupo, si existe un ambiente amistoso del trabajo, si los empleados sienten satisfacción por su trabajo, si consideran que su trabajo les brinda estabilidad, y si sienten que las labores que realizan inciden en las prácticas administrativas de una institución pública. Sin embargo, la parte más importante será medir con sus respuestas el nivel de competitividad que ofrecen dentro de la administración pública, para saber si éste es un caso de éxito o fracaso.

1.9.9 Instrumentos que se utilizarán para recabar la información

La guía de la entrevista semiestructurada es primordial porque de ella se obtendrá casi toda la información. También se usará el diario de campo, la encuesta sociodemográfica, la carta de consentimiento informado (anexo), una cámara fotográfica, una computadora personal y una grabadora digital.

34

1.9.10 Población y selección de la muestra

La población total se estima 13 empleados de la Representación del Instituto Chihuahuense que tienen acceso directo dentro de las actividades operativas; y por ende, inciden en el modelo de gobernanza. Con base en métodos estadísticos consideré que una muestra de diez personas, representa con precisión el comportamiento de la población total. Elegí el género, la edad y la clase social de los informantes, de tal manera que ninguno de estos grupos fuese desproporcionalmente representado en mi planteamiento del problema. Los informantes fueron incluidos en función de su trabajo operativo dentro de la institución pública.

Según lo especificado anteriormente, el trabajo de burócrata es una actividad laboral donde las personas que se involucran, lo hacen de manera clara y abierta al público. Los informantes no fueron sujetos a ningún tipo de coacción para acceder a la entrevista. Tampoco enfrentaron ningún riesgo por brindad información; y, para añadir aún mayor seguridad de riesgo presente o futuro, toda la información es anónima y confidencial por lo cual se utilizaron seudónimos para identificar a cada sujeto de estudio. Los informantes fueron reclutados dentro de la institución pública donde yo misma laboro, ya que ello me permite saber si la información que me brindan es falsa o verdadera. Esta técnica también se le conoce como observación participante, la cual consiste en: "el proceso de aprendizaje a través de la exposición y el involucrarse en el día a día o las actividades de rutina de los participantes en el escenario del

investigador" (Schensul, Schensul y LeCompte, 1999 en
Kawulich, 2005: 3).

1.9.11 Instrumentos delimitados

Para recabar información acerca de Políticas y prácticas
administrativas y de gestión de los recursos humanos en una
institución pública en el caso del Instituto Chihuahuense de la
Cultura Representación Juárez, se utilizó la entrevista
semiestructurada. Esta técnica consiste en elaborar
previamente un guion que determine la información que se
desea obtener. Las preguntas que se realizan son abiertas, lo
cual permite al entrevistado matizar la información brindada.
Para Caballero (1998), la entrevista semiestructurada es "un
discurso continuo dotado de una cierta línea argumental, aunque
esencialmente fragmentado" (311). Así, las personas
entrevistadas tuvieron mayor libertad para expresarse y yo sólo
me limité a dirigir el discurso.

Al momento de realizar esta parte del trabajo de campo, se
entregó a los entrevistados una carta compromiso, donde se
indicaba el objetivo central de la investigación (Cft, anexo, Carta
compromiso), el adeudo de ofrecer una charla con los resultados
de la investigación; y mantener el anonimato de sus nombres a
través de seudónimos.

36

1.9.12 Guía de encuesta

Se aplicó una encuesta complementaria para obtener el perfil sociodemográfico de los entrevistados (Cfrt. Anexo, Encuesta sociodemográfica). Esta parte permitió: obtener datos biográficos de la población objetivo, conocer su cargo dentro de la institución pública, el tiempo que tienen trabajando dentro de ella; y, algunos datos relacionados con su vida familiar y personal: edad, estado civil, escolaridad, y, muy importante, ocupación antes de ingresar a una institución pública, ya que ello nos permitirá indagar si contaban con la experiencia y el perfil antes de entrar al ICHICULT.

CAPITULO 2

MARCO TEORICO

Las políticas y las prácticas administrativas de los recursos humanos se encuentran y son valoradas dentro de las empresas globales, porque de ellas depende el éxito en las organizaciones (Quintanilla, Sánchez y Susaeta, 2010). Las temática se contextualiza principalmente en la auditoría de los recursos humanos y se refiere a: "el análisis de las políticas y prácticas de personal de una empresa, y la evaluación de sus funcionamiento actual, acompañados de sugerencias para mejorar" (Chiavenato, 1999: p. 72). Sin embargo, esta visión sólo es a nivel interno dentro de la empresa. Los estándares de evaluación no pueden ser medidos de la misma forma en todos los contextos. Esto implica que las empresas se rigen por la normatividad de cada país, cada estado y/o cada región. En el caso de México, el artículo 123 constitucional marca la pauta con respecto a las políticas que las empresas deben seguir. No son las mismas leyes en cada país, aunque cada empresa o institución se rija por sus reglamentos internos. En México existen cuatro tipos de empresas, las cuales se rigen por este código, entre las que se encuentran las instituciones públicas:

> 1. Aquéllas que sean administradas en forma directa o descentralizada por el Gobierno Federal;

> 2. Aquéllas que actúen en virtud de un contrato o concesión federal y las industrias que les sean conexas; y

38

3. Aquéllas que ejecuten trabajos en zonas federales o que se encuentren bajo jurisdicción federal, en las aguas territoriales o en las comprendidas en la zona económica exclusiva de la Nación.

También será competencia exclusiva de las autoridades federales, la aplicación de las disposiciones de trabajo en los asuntos relativos a conflictos que afecten a dos o más Entidades Federativas; contratos colectivos que hayan sido declarados obligatorios en más de una Entidad Federativa; obligaciones patronales en materia educativa, en los términos de Ley; y respecto a las obligaciones de los patrones en materia de capacitación y adiestramiento de sus trabajadores, así como de seguridad e higiene en los centros de trabajo, para lo cual, las autoridades federales contarán con el auxilio de las estatales, cuando se trate de ramas o actividades de jurisdicción local, en los términos de la ley reglamentaria correspondiente (Nueva Ley Federal del Trabajo, 2013).

El Instituto Chihuahuense de la Cultura, es una institución pública que pertenece a la primera categoría, ya que se encuentra descentralizada del Gobierno federal, sin embargo, sus políticas externas siguen siendo reguladas por el Estado. Ahora bien, en cuanto a los recursos humanos, es decir, a los empleados, también se rigen por políticas nacionales que los toman en cuenta en la Ley Federal de los Trabajadores al Servicio del Estado (2014): "Trabajador es toda persona que preste un servicio físico, intelectual o de ambos géneros, en virtud de nombramiento expedido o por figurar en las listas de raya de los trabajadores temporales" (p. 1). Existen dos categorías, los empleados de base y los empleados de confianza (Idem).

Para efectos de esta investigación, se tomarán como sujetos de estudio los dos tipos de empleados, ya que sus prestaciones laborales y la ley que los cobija a ambos, no interfieren con sus cargos, y por tanto con el perfil deseable para sus puestos. En el caso de México, no se encuentran evidencias de un trabajo similar que se haya hecho para trabajadores del Estado. Entonces, los orígenes del estudio de la administración pública y de sus trabajadores, los cuales también son llamados por la academia como burócratas.

2.1 Políticas públicas

Harold Laswel define las ciencias políticas como "el proceso de toma de decisiones en el orden público y civil" (Laswell, 1944: p. 105). El autor explica cuál es el origen de las políticas públicas y la relación que tienen respecto a la separación de los entes políticos. Es decir, para sectorizarlas debemos tener presente la distinción entre lo que es fundamentalmente importante para el orden público-civil y lo que es puramente convencional (Laswell, 1944).

El énfasis en el proceso de toma de decisiones destaca la diferencia entre ciencias políticas y otras formas de actividad intelectual. Además agrega que las decisiones del orden público no agotan el campo de las políticas, como puede resultar con otras ciencias afines, esto porque en las sociedades complejas es imposible armar una amalgama totalizadora de políticas públicas, que funcionen como eje transversal. Es decir, cada política pública contendrá características afines a su campo (Laswell, 1944).

Posteriormente el autor agrega que la tecnología juega en estos tiempos un papel importante porque le otorga rapidez a los procesos. La ciencia y la tecnología tienen la tarea de anticipar e impulsar todo el conocimiento útil en la toma de decisiones. En esta etapa también es importante yuxtaponer la palabra ciencia a la política, y la ciencia se distingue en su concepción de búsqueda de conocimiento, porque aquí conlleva connotaciones menos útiles e incluso inaceptables (Laswell, 1944).

Asociar la ciencia a la política no fue tarea fácil, porque la ciencia comúnmente se ha se ha considerado como un quehacer libre de valores, mientras que la política está plagada de juicios de valor. Aunque la neutralidad de la ciencia sólo puede aceptarse parcialmente. Así, termina denominando a un nuevo actor social: el científico de políticas, quien se enfrenta con problemas que no son ajenos a las operaciones científicas ordinarias. Aquí, la selección del conocimiento para la toma de decisiones exige también anticipaciones del futuro (Laswell, 1944).

Así, el autor concluye este capítulo del libro agregando que la ciencias políticas deben conseguir tres atributos: contextualidad, las decisiones forman parte de un proceso social mayor; la orientación hacia problemas, los científicos de políticas hacen suyas las actividades intelectuales relacionadas con todo el panorama de las políticas públicas; y por último, se apegan a la diversidad en la metodología (Laswell, 1944).

Para afirmar la pertinencia de las políticas públicas, Garson sostiene como premisa que "la visión lasswelliana de las ciencias de política aún es relevante, aunque en gran parte haya quedado incumplida" (Garson, 1994: p. 149). Es decir, el nexo que vincula al análisis de políticas está intrínsecamente ligado con las posturas tradicionales de la ciencia política "por esto, los intentos de desarrollar de manera interdisciplinaria las ciencias de política a partir de la premisa de la supuesta fuerza unificadora de un núcleo metodológico común, han conducido más bien a la fragmentación, que a la integración de una nueva disciplina aplicada." (Garson, 1994: p. 149).

El movimiento de Lasswell surge a raíz de su consternación del deterioro de la vida intelectual a partir de la posguerra, cuyo resultado fue la ruptura de la armonía entre la ciencia y la práctica. También su visión de las ciencias se yuxtaponen al conductismo y al humanismo. Esto es, su visión era multidisciplinaria, cuyo paradigma implica una nueva manera de concebir la unidad entre gobernantes y gobernados, poniendo en relieve el papel de la ciencia, la técnica y los expertos - anunciándolo varias veces como especialización. Su preocupación se centraba en cómo logra la integración de los objetivos y métodos de la acción pública y privada. En ese sentido se proyectó la visión de Merriam, al asegurar que la planeación dentro de la ciencia política como una acción interdisciplinaria (Garson, 1994).

Después se aborda la sinóptica, que significa "visión global del todo" (Garson, 1994: p. 159), mientras la antisinóptica, por el contrario, plantea los límites y la imposibilidad del conocimiento racional para abarcar sistemas enteros de acción. La corriente sinóptica pura se caracterizó por su identificación con el análisis de sistemas como metateoría; mientras que la corriente antisinóptica se caracterizó por su identificación con el pluralismo como metateoría, el análisis contextual y de casos como metodología, y la racionalidad social como criterio de decisión. Nuestro autor también ofrece una semblanza histórica relativa a los valores y al alcance moderno del análisis de políticas como disciplina emergente. Se puede concluir en esta lectura que el apartado pone a la vista la a las políticas públicas como ente de análisis historicista (Garson, 1994).

Respecto a la representación filosófica de las políticas públicas, más específicamente, la epistemología de las ciencias sociales, Torgerson las sitúa como la "tercera cara" y su perspectiva es práctica. La lectura se gesta a partir de varias consideraciones acerca de la evaluación de impactos. Aquí se hace la diferencia entre expertos y ciudadanos. Desde este enfoque los expertos dejan ver su vulnerabilidad debido a su condición humana; esto es, son falibles (Torgerson, 1994). Para ello, la reflexión académica busca que "en la comunicación entre expertos y ciudadanos cada uno busca identificar puntos donde la frontera entre la especialización y el sentido común se intersecten", (Torgerson, 1994: p. 228) para conseguir relaciones de eficacia y eficiencia en la evaluación de impactos. Es importante dicha reflexión porque de esta manera también se puede medir el nivel de participación ciudadana.

Nuestro asegura que hoy en día se confunde a la política con la manipulación y el conflicto; pero no siempre en la historia estas variables tuvieron una connotación negativa. Es decir, "existe un sentido original de la política en el cual el conflicto se complementa con la cooperación necesaria para una discusión racional y abierta de los asuntos públicos" (Torgerson, 1994: p. 229).

Posteriormente recomienda que se debe cambiar todo el entramado de instituciones políticas que existen, y lanzar un proyecto de reorientación contextual que desmitifique el análisis tecnocrático para dirigirse hacia una dirección post-positivista, donde converjan dentro de la acción, la razón y la política (Torgerson, 1994).

El texto en sí es altamente complejo pero argumenta con el ejemplo del caso Berger, en Canadá, cómo es que un movimiento político donde se involucran distintos actores sociales puede terminar en la creación de generar modelos para incrementar la productividad del gasto público, y al creciente interés de los gobiernos en el modelo de administración pública por resultados (Torgerson, 1994).

2.2 Burocracia (servidores públicos)

Hegel fue el primero que habló de la burocracia como mediadora estatal. Él estableció un nexo entre el Estado, y la sociedad civil (Pérez, 2011: p. 20). Sin embargo, los estudios contemporáneos dicen que este punto de vista es limitado, sobre todo en una sociedad moderna, la cual se rige por la competencia internacional y los modelos económicos de globalización. Esta problemática involucra a más actores sociales dentro del campo de estudio.

Ahora bien, si hablamos de trabajadores al servicio del Estado, existen condiciones que humanizan las instituciones; por tanto, se infiere que las políticas y prácticas de los recursos humanos en las instituciones públicas, deben contener dentro de sus normativas los elementos para atender las necesidades personales de los trabajadores, con el fin de generar buenas práctica laborales. Uno de los primeros teóricos que complejizó la temática Estado-sociedad civil-ciudadanía fue Taylor:

> Había una preocupación por alcanzar la mayor racionalidad y productividad a raíz de una buena organización del esfuerzo humano. Posteriormente el problema de la eficiencia va dejándose de lado y hay una incorporación de concepciones psicológicas y sociológicas en el estudio de las organizaciones. Este proceso que transformó lo que había sido llamado Tradición Gerencial en la Teoría de la Organización comienza en la década del ´30 donde hay dos características principales que manifiestan la transformación de pensamiento: se otorga mayor importancia al insumo utilizado para la obtención de un producto y además pasa a incluirse la variable contexto para el estudio de la organización (Pérez, 2011: p. 20).

Es necesario para cualquier estudio donde se aborden las problemáticas de la burocracia, y/o de la administración pública, considerar que estas están supeditadas al contexto socioeconómico del país donde se desarrollen, como se menciona en otro apartado de esta investigación. Por ende, en un país como el nuestro, en vías de desarrollo y subordinado a las prácticas capitalistas, serán éstas las que dicten los ordenamientos sociales donde se desenvuelven el objeto de estudio que analizaré, es decir: Ciudad Juárez.

Retomando de nueva cuenta la importancia del contexto situado, indica que el paradigma burocrático ya no es la única fuente de ideas y argumentación acerca de la administración pública. Por ello ahora se suma al planteamiento de nuevas visiones, lo que se engloban en otro concepto: paradigma posburocrático.

El paradigma posburocrático es entendido sólo con la previa asimilación del planteamiento de una metaforización de ideas ampliadas que propone sustituir el concepto de bien público por los resultados que valoran los ciudadanos. Además, el autor sugiere que "el paradigma posburocrático sea tan multifacético como su predecesor" (Barzelay, 1998: p. 175).

Tomando nuevamente la idea del cambio del paradigma y enfocándonos en los resultados que valoran los ciudadanos, encontramos que el sistema posburocrático tiene una idea de contacto más humana que el paradigma anterior. Es decir, la rigurosidad de las reglas, la operación de los valores administrativos, el control, entre otros atributos, fueron modificados por conceptos aplicables como la construcción de la rendición de cuentas, el previo entendimiento de las normas, la ampliación a las opciones del cliente, la alientación a la acción colectiva, la retroalimentación, etc. (Barzelay, 1998).

Respecto a la función de los servidores públicos, mientras el paradigma burocrático informaba a los trabajadores que sus responsabilidades consistían en planear, organizar, dirigir y coordinar; el paradigma posburocrático valora más la

46

argumentación y la deliberación acerca del modelo en que deben enmarcarse las funciones de los administradores públicos. Barzelay también señala que serán los empleados regidos por el paradigma posbrocrático quienes hagan ver a los operadores del sistema anterior que las labores del nuevo paradigma deben manejarse de manera transversal, porque si sólo se aplica por sectores, su beneficio será limitado. No serán las nuevas reglas quienes reformen el pensamiento de la burocracia, será la aplicación y el convencimiento de que es el sistema que brinda mayores beneficios para la población (Barzelay, 1998).

Por último, y a manera de reflexión final, debemos señalar que a lo largo del texto el autor hace alusión al sistema burocrático de Estados Unidos, y no es de extrañarnos que este modelo se añore como el ideal en la construcción de la nueva democracia (Barzelay, 1998). Aunque nosotros, como lectores críticos y reflexivos deberíamos considerar qué parte de esta lectura es aplicable al modelo latinoamericano. Esto no quiere decir que se deba descartar la propuesta, sino más bien en qué medida se aplicaría y evaluarían los resultados.

2.3 Sociedad civil

Como se menciona en el apartado anterior, que también es necesario definir a otros actores sociales que intervienen en el proceso de la administración pública, y ello implica forzosamente hablar de la sociedad civil y su relación con las políticas públicas. Pliego parte de que para afianzar una identidad colectiva es necesaria la transformación de vivencias individuales en un actuar organizado. Una vez constituido el actor grupal, formada la organización, una teoría de la acción colectiva tiene la función de explicar cómo será operada. Es decir: "estudiar el significado cultural y político de esas actividades, esto es, el significado estructural de sus prácticas participativas, en especial para la construcción y consolidación de un régimen político democrático" (Pliego, 2000: p. 209-210).

Las repercusiones en la estructura organizacional de los individuos en un contexto social amplio, serán determinantes en los ámbitos local y nacional. Para estudiar la significación de las organizaciones vecinales se parte de dos variables: la democracia y la acción colectiva. El autor problematiza ambos conceptos cuando rememora que los especialistas en movimientos sociales, neocorporativistas y pluralistas liberales han planteado la imposibilidad de que la democracia uniforme la acción colectiva, y que en realidad la voz que se hará valer, será la del grupo dominante (Pliego, 2000).

Entonces, Pliego Carrasco defiende "el problema de la estabilidad de la democracia en las sociedades occidentales desarrolladas (o, en el caso de México, de la construcción y estabilización de un sistema democrático)" (Pliego, 2000: p. 211). Es así como define a este enfoque de participación social "neopluralismo o pluralismo radical de tipo político", el cual es una síntesis de las teorías numeradas en el párrafo anterior.

Ahora bien, respecto a las dimensiones de la clasificación de parte también de dos variables: posiciones de poder y ámbito societal de acción (que no menciona, pero tienen estrecha conexión con las variables señaladas más arriba, la democracia y la acción colectiva, respectivamente). Las posiciones de poder se relacionan con las prácticas internas; y, el ámbito societal, tiene que ver no sólo con las relaciones externas, sino con las actividades que vinculan al entorno social. Posteriormente aborda las posiciones de poder que son: de tipo constitutivo, relacionados con la apropiación conceptual de tipo estratégico por parte de la organización. Las de tipo reproductivo son las que sólo se involucran con el proceso operativo del programa aplicado (Pliego, 2000).

Los ámbitos societales de la participación se centran en articular la clasificación con criterios de externalidad. Existen dos grandes tipos de participación con base en la vida cotidiana o el ámbito estructural de los sistemas sociales. La primera se refiera al ámbito donde la acción se concentra entre los vínculos que establecen directamente los individuaros; y, la segunda, es la incidencia del orden político en una sociedad. A su vez, se subdividen en dos grupos; sistémicas y no sistémicas (Pliego, 2000).

El autor ofrece un cuadro muy claro que sintetiza la matriz de estrategias de participación que se resume de la siguiente manera (Pliego, 2000):

• Si en la vida cotidiana no sistémica existe una posición de poder alta, la participación se verá en la forma de autoayuda. Si es baja, en asistencia de emergencia.

49

• Si en la vida cotidiana sistémica existe una posición de poder alta, la participación se verá reflejada en la autogestión. Si es baja, en asistencia institucional.

• En la posición de poder alta, la estructura social no sistémica influirá en las movilizaciones sociales. Mientras en la sistémica, se ofrecerá como cogestión.

• En la posición de poder baja la estructura social no sistémica, la participación tendrá relación con el clientelismo. En la sistémica, con el corporativismo y neocorporativismo (Pliego, 2000).

2.4 Gobernabilidad y gobernanza

Antes de continuar con nuestro marco teórico es importante pensar las conexiones entre los conceptos de política social, capacidad de gobierno y gobernabilidad, con el fin de problematizar el qué, el cómo y el para qué del quehacer gubernamental. Pedro Martínez Martínez, teoriza que la sociedad se forma en la búsqueda de un buen gobierno que garantice una mejor vida. Un buen gobierno se entiende como una serie de capacidades técnicas y administrativas empleadas en favor de la ciudadanía (Martínez, 2001).

El gobierno, especialmente es un contexto global, debe tener la capacidad para responder a las necesidades de la ciudadanía. Esto implica contener una estructura administrativa, así como el que los gobernantes tengan las capacidades para llevar a cabo sus funciones. También se debe reconocer que el papel de la política social va encaminado a mantener la estructura social fundamental. Nuestro autor entiende estructura social como matriz social básica (MSB), aunque también se relaciona con la dimensión de "arquitectura societaria radical" (Martínez, 2001).

Cuando se habla de política social, se habla de acciones políticas de impacto estructural que tienen como objetivo el logro del bienestar, la equidad y la democracia, requisitos básicos para la gobernabilidad; donde gobernabilidad se entiende como: la calidad del desempeño gubernamental a través del tiempo, así como la capacidad de adoptar decisiones ante los eventos que demanden una respuesta gubernamental, la efectividad y eficiencia de tales decisiones, la aceptación y coherencia de las mismas. Desde la perspectiva del sistema político, este análisis debe hacerse en términos de la relación sistema político-sociedad en términos de aliviar los problemas nacionales (Martínez, 2001).

Las políticas sociales son las acciones tomadas por centros políticos legítimos, que en su mayoría son instituciones del gobierno. Las políticas sociales, aunque con cierto grado de autonomía, existen junto a otras políticas públicas como la política de ordenamiento territorial, la política de defensa, etcétera. Las políticas sociales están creando nuevos paradigmas donde los espacios públicos y privados se resignifican. En palabras de Martínez: "este nuevo paradigma se caracteriza por el gerenciamiento de la política social, bajo los principios de la privatización, desregulación, focalización y la descentralización" (Martínez, 2001: pág. 4). Esto realza las diferencias entre administración pública, más tradicional y pasiva, y gestión o gerencia pública, orientada a la acción con ayuda de instrumentos racionales.

El último enfoque, tiene que ver con el incremento de la participación privada en la implementación de las políticas públicas. Se entiende por gestión pública, cuando dicha implementación se da por profesionales, lo cual en este texto se ofrece como una alternativa para recuperar la legitimización del ente estatal, y con ello de lo público como el lugar para la realización humana. El cuestionamiento hacia el gobierno se debe a que no cumple con las demandas sociales, la influencia de la ideología neoliberal y la pérdida de confianza en él. Ahora se busca un aparato que sirva a la sociedad y no viceversa, lo que se ha traducido en una tendencia a la privatización y a desmantelar las agencias de gobierno. Al mismo tiempo se han surgido demandas de democratizar los sistemas de política social (Martínez, 2001).

El Estado benefactor solía ser el proveedor de los satisfactores sociales; sin embargo, con la llegada de las políticas neoliberales el mercado toma un lugar preponderante en la regulación de las relaciones, aun en los espacios públicos. Esto tuvo dos consecuencias. Por un lado, un saldo de pobreza y marginación; y por otro la aparición de la sociedad civil exigiendo mayor participación. Esto último ha suprimido las categorías tradicionales del discurso para dar paso a nuevo vocabulario como gerentes públicos (Martínez, 2001).

En la acción política es importante distinguir la operación de la materia. La política social es la intervención pública de la MSB.

Para Longhi, la política social actúa sobre cuatro ejes: la cantidad de vida, la calidad de vida, las condiciones y capacidad de trabajo, y el equilibrio social (Martínez, 2001).

Es importante hacer notar que "los problemas de ingobernabilidad son derivados de la falta de capacidad de gobernar que incluye: paradigmas obsoletos, pobre entendimiento de los problemas sociales, prioridades sociales y económicas; distorsiones y habilidades caducas" (Schmidt, citado por Martínez 2001: pág. 8). Los problemas se agravan al darles una visión empresarial. Para aliviar esto es necesario que los gobernantes se involucren en lo que Dror llama "la arquitectura societal radical", y sus seis dimensiones principales son: producción de empleo, control de la población, seguridad pública, combate a la pobreza, reestructuración de la economía, distribución equitativa del ingreso; así como el manejo de una concepción de política social más amplia que incluya las cuestiones de bienestar social, equidad y democracia (Martínez, 2001).

Para Manuel Alcántara Sáenz, dado que las coyunturas críticas tienen un efecto mayor en la gobernabilidad, su estudio es necesario. Éste empezó con Rustow (1970), de donde se extraen dos elementos:1) el cambio se debe abordar desde una aproximación genética imbuida por la dinámica del cambio político, 2) no hay un modelo general de solución al proceso. Veinte años después, con el repaso de Pridham de la literatura, se encontraron dos líneas teóricas: la funcionalista, que da prioridad a los determinantes estructurales o ambientales, y la genética, que da prioridad a los determinantes políticos y las estrategias de los actores durante la transición.

También se puede aplicar un método taxonómico para el estudio de las transiciones donde se privilegien el calendario de las mismas. Aquí los dirigentes del antiguo régimen han iniciado el proceso de transición. A esto se le conoce como "transiciones pactadas" y se han identificado tres condiciones necesarias para que sucedan: debilidad o ausencia de actores maximalistas, existe una preferencia a los actores que favorecen la cooperación, y los actores no deben tener una posición continua en su orden de preferencias.

Las transiciones económicas y políticas no necesariamente obedecen siempre al mismo orden. En el caso de Europa del Este, el énfasis, después de la caída del comunismo, fue transitar hacia una economía de mercado. En América Latina se pensaba en reformar el ya existente sistema capitalista. Es importante hacer notar que el escenario internacional fue un factor a favor de estas transiciones, al homologar las economías nacionales con un escenario internacional. Los procesos de transición no necesariamente solucionaron otros problemas de las naciones, lo que puede obstaculizar la gobernabilidad de los mismos.

Tomando todo lo anterior en cuenta, nuestro autor propone un modelo para el estudio de la transición basado en cinco elementos básicos: las características del régimen político anterior, el colapso del mismo, la estrategia del cambio, las características del nuevo régimen y el escenario internacional.

54

LA GESTION DE LOS RECURSOS HUMANOS Y LA ADMINISTRACION PÚBLICA

Éstas se deben aplicar a cada caso para explicarlo. La transición política se considera como un periodo concreto que finaliza con la instalación de una poliarquía con reglas mayoritariamente aceptadas.

Linz introduce ciertos matices al proceso de consolidación democrática; por ejemplo, la necesidad que tienen los nuevos regímenes de hacer cambios rápidos y eficientes en las sociedades con mayores problemas, so pena de enfrentar el descontento de las masas y una posible contrarrevolución.

Por otro lado, Schmitter argumenta que este proceso se debe de entender como la consolidación de las relaciones creadas en la transición, en relaciones de cooperación aceptadas por los que participan del gobierno. Nuestro autor, abunda en la postura, diciendo que: "esto es una proceso de institucionalización normal... pero con él se tienen que aceptar las tres hipótesis formuladas por Morlino (1986: 53-58) la situación de los países deAmerica Latina y de Europa del Este es ambigua con respecto a la consolidación democrática, si bien más favorable a la misma de lo que cabría esperar" (22).

Los países en vías de consolidación democrática se definen como aquellos que a pesar de ya tener procedimientos democráticos, aún no están consolidados. Ello se debe a las particularidades con las que se llevó a cabo la transición a la democracia, a los problemas de sus instituciones, y a la inestabilidad en la percepción de la legitimidad.

Los modelos de gobernanza no siempre fueron como los conocemos hoy en día. Para Alexis de Tocqueville la política generaliza el gusto y el hábito de la asociación. (De Toqueville, 1989: pág. 157). En este sentido existen distintas formas de hacer política relacionadas con la gobernanza, baste pensar en los modelos demócratas y republicanos. Así, la cuestión se centra en al eficacia directiva del gobernante legítimo más que en su legitimidad política (Aguilar, 2010: pág. 8); es decir, la atención se centra en el papel del funcionario o de quien ocupe un cargo público. En este modelo se busca el equilibrio en la distribución de los beneficios económicos y políticos, también la limitación del abuso de poder, y la forma tanto de controlarlo pero sobre todo de analizarlo, es la gobernanza. En resumen, es la dinámica del conocimiento mismo sobre los asuntos públicos (Aguilar, 2008: pág. 10). El modelo que nos interesa destacar, principalmente en esta tesis, es el de la gobernanza democrática cuyos supuestos lindes son los que se ejercen en el contexto de nuestra área de estudio.

Retomando de nueva cuenta a Toqueville, para él: "No hay sobre la tierra una nación donde se haga uso diariamente de la libertad ilimitada de asociarse con fines políticos" (De Tocqueville, 1989: pág. 156). Con esta frase nos podemos imaginar hacia dónde irá el desarrollo del discurso, aunque en los pueblos donde la asociación política está vetada o no existen las condiciones estructurales para la participación, como en Ciudad Juárez, la asociación civil es escasa.

Los ciudadanos se asocian por la suma de intereses comunes. En ese sentido las asociaciones políticas también hacen las veces de grandes escuelas gratuitas donde los ciudadanos van a aprender la teoría general de las asociaciones. Aunque en el

56

ejercicio de tal derecho ciudadano se pierdan cosas, entre ellas dinero. Que el autor se atreva a considerar este punto como partida para distintas discusiones es básico para cuestionar las actividades de las asociaciones políticas en los países, e incluso ciudades, como los nuestros (De Tocqueville, 1989).

Después se argumenta que en los países democráticos, las asociaciones políticas son fuertes grupos de presión que aspiran a la regulación del Estado. Aunque en la misma medida las naciones también limitan el derecho a la asociación dentro de lo que el autor llama "límites estrechos" (De Tocqueville, 1989).

El autor también reflexiona acerca del individualismo como una manera de actuar que sólo puede ser ejercida con personas que ostenten micropoderes, pertenecientes casi todos a la burguesía. Empero, cuando el hombre actúa, tiene la capacidad de actuar con virtuosismo. Así, el interés bien entendido se concatena con la responsabilidad de actuar en consecuencia política Queda de reflexión final que la política está estrechamente ligada con el quehacer filosófico de los individuos en un contexto determinado, y que será los paradigmas epistemológicos que se estén viviendo, los que determinen hacia dónde se dirigirá la participación de cada actor social (De Tocqueville, 1989).

La gobernanza se centra también por adoptar una perspectiva más cooperativa y consensual que la que se había dado en los modelos tradicionales de gobernar (Cerrillo, 2005). El problema es que las formas se corrompen por intereses particulares o de grupos de poder. Ante ello surgen movimientos de presión, y la movilización se da principalmente en las ciudades como el Distrito Federal, donde se exige a los gobernantes que cumplan con sus funciones. Desde la academia, el desorden político es evidente y obliga a que cada vez haya más estudios relacionados con nuevas formas de gobernar.

Por su parte, Luis Aguilar en Gobernanza: el nuevo proceso de gobernar (2010) hace un recuento de cómo concebimos el gobierno en la actualidad, donde dentro de todos los discursos se palpa el sentir ciudadano como el actor social que más influye en la nueva visión que hoy tenemos de la gobernanza. Primero nos hace cuestionarnos de manera sutil que el problema real para los ciudadanos no se encuentra en la figura del gobernante, sino en cómo se gobierna (Aguilar, 2010). Esta premisa pudiera ser lógica si la observamos desde un punto de vista político; sin embargo, mientras no se supere la visión de la presencia un tanto divinizada y omnipotente del individuo que gobierna, no se tomarán decisiones que generen en administraciones públicas democráticas.

Acto segundo, se enumera la serie de factores que hizo del gobernar una labor problemática. Basta hacer una revisión histórica para analizar los eventos que hicieron de la gobernabilidad una faena ardua; entre ellos, el factor económico que colocaron a los países de primer mundo como el modelo democrático para construir la hegemonía política que difícilmente podía ser alcanzado por los países en vías de desarrollo (Aguilar, 2010).

58

Posteriormente el autor propone que debemos dejar atrás el modelo de gobernabilidad e instaurar el de gobernanza. Aunque ambos son concepciones relacionadas, un gobierno eficiente con alta gobernabilidad será un mejor moderador de las relaciones de gobernanza, de tal manera que la gobernabilidad es de alguna manera una condición para promover una gobernanza democrática; a su vez, formas de gobernanza democráticas fortalecerán la gobernabilidad (Aguilar, 2010).

El enfoque de gobernanza tiene algunas características esenciales: "se entiende la gobernanza como el nuevo proceso de gobernar la sociedad" (Aguilar, 2010: pág. 32), y tiene su utilidad práctica en para renovar las funciones de gobierno. Dicha reforma al gobierno será de manera paulatina y se irá ajustando a las necesidades sociales del momento histórico en que se geste.

Es pertinente señalar que el autor nos hace cuestionarnos, a manera de ejemplo, cómo es que un gobierno estatista –tipo de gobiernos Latinoamérica- no ubique su contexto inmediato y piense en modelos como los europeos que se rigen de manera distinta. Entonces, para que un modelo de gobernanza exitoso hay que pensar en la aplicación de forma transversal y ubicado en la realidad socioeconómica y cultural de la región (Aguilar, 2010). Este sentir es compartido por actores sociales de Ciudad Juárez que indican que el modelo de administración pública dentro del Instituto Chihuahuense de la Cultura está pensado desde un contexto centralista y no fronterizo, como argumenta Arturo Gutiérrez Lozano en el "Reporte de evaluación del Programa Emergente y PACMYC en Ciudad Juárez" (2011):

Llevar a cabo un proyecto de intervención o de animación comunitaria no sólo implica el hecho de realizar los talleres planteados en la propuesta, es necesario además, considerar diversos aspectos contextuales que permitirán que las actividades no sean asimiladas únicamente como herramientas lúdicas para aprovechar el tiempo libre.

Durante la aplicación del proyecto el responsable ejercerá una mirada crítica al desarrollo del proceso de trabajo: Qué es lo que está sucediendo, qué dificultades están surgiendo, cómo se pueden solucionar, quiénes pueden participar en la solución; son ejemplos de diversas preguntas que deben guiar el actuar de los responsables de los proyectos.

Aunado a lo anterior es importante que los responsables se apoyen en los asesores del ICHICULT en cuestiones operativas para establecer vínculos con los actores comunitarios participantes (Gutiérrez, 2011: pág. 9).

Para evitar ese modelo centralista, se requiere pensar en un modelo de gobernanza cercano al contexto, como argumenta Aguilar, el cual, en el caso del ICHICULT se debe pensar desde un modelo donde los actores sociales dentro de la comunidad aporten sus saberes e incluso intercedan para crear los lineamientos de operación que deben seguirse dentro de la administración pública de los recursos.

CAPITULO 3

3.1 Análisis y resultados

Según lo que se puede apreciar visualmente en el Índice de Desarrollo Social creado en este trabajo podemos inferir lo siguiente:

1. Los polígonos marcados cerca de la colonia Rancho Anapra son un ejemplo de que los recursos como Sedesol no se encuentran distribuidos equitativamente, ya que en el mismo espacio encontramos más zonas con mediano y alto desarrollo social.

2. Los polígonos cercanos a Riberas del Bravo contienen un sesgo importante, porque si bien se rodean de zonas con mediano desarrollo social, no se tomaron en cuenta factores como el nivel de ingreso, los lotes baldíos y la accesibilidad. Por ende, el criterio de Sedesol para delimitarlo como polígono de pobreza, se cumple de manera parcial.

3. Los polígonos cercanos a la Cuesta y Partido Díaz, no cumplen en la mayor parte del territorio con las condiciones para ser atendidos con urgencia.

4. Se encuentran desatendidas zonas donde se concentran muchos polígonos con bajo desarrollo social. Desde esta visión, quedan fuera de los programas de atención de las políticas públicas

lugares, que no se pueden nutrir de otros territorios con mediano o alto desarrollo social.

5. En este mismo tenor, tantas zonas juntas con bajo desarrollo social que no son atendidas, provocan la precarización de la vida humana que siembra sus huestes en los grupos más excluidos, ya que: "Las desigualdades sociales [están] caracterizadas por grandes diferencias en la distribución y el acceso a los recursos. [Por lo tanto] son más probables los conflictos en situaciones de declive económico, que exacerban las desigualdades sociales e intensifican la competencia por los recursos" (Informe mundial sobre la violencia y la salud, 2002: 27).

6. Los polígonos de pobreza parecen estar más preocupados por blindar a las comunidades cercanas a Estados Unidos que a las que se concentran en el sur. Esto quiere decir que el contexto geopolítico puede ser un factor determinante e intencional para que esto ocurra.

7. En resumen: Los polígonos de pobreza marcados por Sedesol sólo cumplen parcialmente con la asignación correcta de los recursos, y por lo tanto, dejan desatendida a la mayoría de la población en rezago social.

3.2 Reflexión

Ciudad Juárez es una ciudad donde la mayoría de sus habitantes viven en condiciones de desigualdad social. Es importante mencionar este punto porque el espacio geográfico es una forma de visualizar cómo está distribuida la riqueza y darnos cuenta que las políticas públicas tampoco están respondiendo al combate eficiente de la inequidad. El contexto socio-espacial demostró el bajo nivel de oportunidades para el desarrollo social de la ciudadanía, lo que provoca la precarización de la vida humana. Urgen propuestas analizadas desde una perspectiva multifactorial y multidimensional, para eficientar la asignación de los dineros públicos.

3.3 Propuesta visual para la canalización del fondo PRODICI en Ciudad Juárez

Celio Turino (2009), creador del exitoso programa de intervención comunitaria Cultura Viva en Brasil, sostiene que el empoderamiento de las comunidades marginadas presupone una relativa transferencia de poder para que éstas puedan resolver sus pequeños problemas sin poner en cuestión al sistema como un todo. La solución fue asociar empoderamiento con autonomía (A) y protagonismo (P), para que los Puntos de Cultura (PC) dieran como resultado la emancipación (E) de las comunidades (Pp. 88-89):

$$PC: (A+P) =E$$

63

En este mismo tenor, para que un programa de intervención cultural comunitaria como lo es el PRODICI pueda beneficiar a la población considerando las variables que propone Turino, (op. Cit.), es necesario concentrar los puntos de cultura. Pero antes de buscar dónde se pueden concentrar, es necesario hacer la revisión del análisis espacial para ver dónde se encuentra ubicada una mayor concentración de la población objetivo.

En el siguiente mapa se puede observar un sesgo en cuanto al nivel de desarrollo en el ageb rojo, cercano a la colonia Mariano Escobedo, en ese lugar es donde se encuentra concentrado el mayor porcentaje de personas que hablan una lengua indígena. Otras zonas donde se puede llevar el programa son las pertenecientes a los agebs marcados en color naranja, y que se encuentran cercanos a las colonias Guadalajara y Díaz Ordaz. En orden de prioridad, los colores verde y azul también son viables para el lanzamiento de la convocatoria PRODICI.

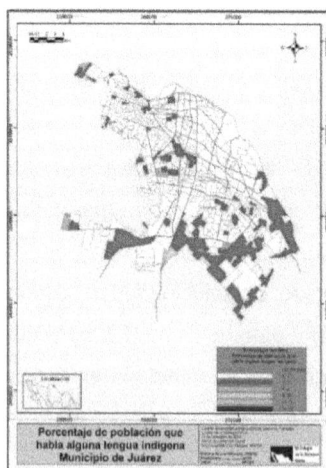

Porcentaje de población que habla alguna lengua indígena. Municipio de Juárez

El Institutito Chihuahuense de la Cultura, utiliza los centros comunitarios como estrategia de operación para difundir los fondos entre la comunidad indígena indígenas. En la siguiente imagen, se encuentran las instituciones civiles que hacen las veces de lo más cercano a un punto de cultura. Esto quiere decir que la estrategia ciudadana tampoco está atendiendo del todo a la población indígena; por lo tanto, seguir dirigiendo las políticas públicas sólo a estos lugares es prácticamente inútil. Eso explica la referencia que hace Samantha Castillo, coordinadora del PRODICI en Chihuahua: "En Ciudad Juárez existe poca respuesta por parte de los indígenas en cuanto a la recepción de proyectos" (Reyes, entrevista telefónica, 2016). (VER ANEXO No2)

CAPITULO 4

4 CONCLUCIONES Y RECOMENDACIONES

En este apartado se busca explicar, a través de las historias de los empleados del Ichicult Representación Juárez, las prácticas de gobernanza que ejercen los recursos humanos dentro del Instituto Chihuahuense de la Cultura en Ciudad Juárez, durante la administración 2010-2015, para comprender los casos de éxito o fracaso de gobernabilidad, desde la mirada de los servidores públicos que laboraron dentro de la institución durante ese periodo.

4.1 Los informantes

Para esta investigación se entrevistaron a diez personas que laboraron durante la administración del 2010, quienes además se encontraban en activo hasta diciembre de 2016, momento en que se cerró la recolección de datos. Sus relatos permitirán conocer la experiencia de los recursos humanos, desde una mirada crítica. Se cambiaron los nombres de los informantes para proteger la privacidad y la confidencialidad prometida a cada uno.

Conseguir las entrevistas representó una tarea dura. Los participantes no están acostumbradas a brindar información, a que se les tome en cuenta para investigaciones académicas, además, carecen de tiempo debido a lo complicadas de sus agendas. Todos fueron entrevistados fuera de sus horarios de trabajo y de la institución cultural. En la

66

siguiente tabla se encuentra el perfil sociodemográfico de las personas entrevistadas:

Seudónimo	SEXO	EDAD	PUESTO	PERFIL ACADEMICO
Informante 1	Hombre	54	Jefe de la Representación	Licenciatura en Administración
Informante 2	Mujer	38	Asistente de Jefatura	Licenciatura en Administración Hotelera
Informante 3	Mujer	42	Asistente de Comunicación	Licenciatura en Comunicación
Informante 4	Mujer	46	Recepcionista	Licenciatura en Trabajo Social
Informante 5	Mujer	30	Asistente de Contabilidad	Licenciatura en Contabilidad
Informante 6	Mujer	36	Jefa de Recursos Humanos	Licenciatura en Contabilidad
Informante 7	Mujer	56	Asistente Operativa	Técnica en Comercio
Informante 8	Hombre	36	Asistente Operativo	Preparatoria
Informante 9	Hombre	34	Asistente Operativo	Licenciatura en Diseño Gráfico
Informante 9	Hombre	40	Asistente Administrativo	Licenciatura en Administración
Informante 10	Mujer	36	Coordinadora de Fondos Culturales	Doctoranda en Humanidades

4.2 El caso del Instituto Chihuahuense de la Cultura

El Gobierno del Estado de Chihuahua, mediante la Secretaría de Educación Cultura y Deporte, a través del Instituto Chihuahuense de la Cultura, creó una representación para que en Ciudad Juárez la comunidad pueda participar en los diversos programas culturales, dirigidos a organizaciones comunitarias, vecinos y grupos interesados en fortalecer el tejido social y/o incentivar el uso de los espacios públicos a recibir apoyos económicos para la realización de proyectos culturales y/o artísticos. Su misión y su visión son:

Misión

Somos la instancia que promueve el desarrollo cultural de la población del Estado de Chihuahua orientado a generar escenarios de mayor calidad de vida y enriquecimiento de las potencialidades humana tales como el diálogo intercultural, la convivencia, el respeto por la diversidad, la diversificación de los consumos culturales la expresividad artística y la solidaridad.

Visión

En 2016 el Instituto Chihuahuense de la Cultura será reconocido como la institución encargada de promover el reconocimiento y respeto de la diversidad cultural, la protección del patrimonio cultural, la difusión y disfrute de la creatividad y expresividad artística, como elementos fundamentales del desarrollo social y humano y como factores determinantes de la formación integral para la vida digna de la población del estado (Ichicult, 2016).

68

El organigrama está distribuido de la siguiente manera:

```
                        ┌─────────────────┐
                        │ Director General │
                        └─────────────────┘
    ┌──────────────┐    ┌──────────────┐    ┌──────────────────┐
    │ Departamento │    │              │    │  Departamento de │
    │      de      │────│Administración│────│  Programación y  │
    │ Comunicación │    │              │    │     Logística    │
    └──────────────┘    └──────────────┘    └──────────────────┘

┌────────────┐┌────────────┐┌────────────┐┌──────────────┐┌────────────┐
│Departamento││Departamento││  Auxiliar  ││ Departamento ││            │
│de Mantto.  ││de Proyectos││Administra- ││     de       ││ Mensajería │
│            ││ Culturales ││    tivo    ││ Operaciones  ││            │
└────────────┘└────────────┘└────────────┘└──────────────┘└────────────┘
```

Lo que se puede apreciar a simple vista, es que el organigrama no coincide con los perfiles presentados anteriormente, por ende, los empleados deben realizar varias operaciones a la vez, como reportan los tres asistentes operativos:

Informante 7: Nunca nos han brindado una capacitación desde Chihuahua, es más, ni un curso de inducción. Nosotros hicimos unos cuando yo entré, en la administración del Antropólogo Carrera, pero éstas no fueron formales. Por esta misma razón, no queda claro qué debería hacer cada quién.

Informante 8: Todos tenemos que entrarle a todas las actividades. Así de simple. Porque si no, no salen los eventos.

69

Ayudaría mucho un organigrama claro donde estuvieran las funciones de cada quién.

Informante 9: La verdad es que en este trabajo nos toca desde recoger a los artistas en los aeropuertos, hasta pasearlos por la ciudad, limpiar, acarrear muebles, atender a la gente. En teoría tenemos nuestros puestos específicos, pero debido a la falta de personal, y a que no hay presupuesto para contratar a más gente, todos tenemos que hacer varias cosas a la vez.

4.3 Indicadores de monotonía y fatiga

En este tema, los informantes coincidieron en que el hecho que no se paguen horas extras repercute en su salud y en su bienestar familiar:

Informante 2: Cuando tenemos eventos las responsabilidades de cada quien aumentan. Esto causa algunas veces fricciones tanto en el grupo como en la vida personal de nosotros.

Informante 3: Yo tengo un hijo chico, es la parte que más me preocupa cuando tenemos eventos. Porque mi hermana me cuida a mi bebé, pero cuando ella no puede, todo se complica. Eso también no me permite a veces rendir completamente, porque me siento preocupada.

Informante 4: Yo siempre estoy atendiendo por teléfono los pendientes de mi casa mientras resuelvo lo de la oficina, entonces debo hacer varias actividades a la vez. Eso cansa. Ya fui a dar al hospital por el mismo estrés.

Informante 5: Pues yo soy soltera, pero luego las actividades de la oficina me demandan tiempo hasta afuera, porque los proveedores me marcan a mi celular personal. En mi caso, que vivo lejos, luego se me complica moverme para la escuela y para el trabajo. Creo que en lo que más me ha afectado es en la alimentación.

Informante 6: Siempre ando a gorro. En mi caso, llevo los recursos humanos y la contabilidad no sólo de la Representación, sino también del Centro Cultural Paso del Norte, y no me dieron más sueldo por ello, sólo más trabajo. Tengo que correr para todos lados y resolver varias cosas a la vez.

Informante 7: Nombre, aquí de repente no tenemos nada que hacer y nada más nos estamos viendo las caras, pero cuando se viene el trabajo, se viene en serio. En lo personal, me ha quitado tiempo para hacer cosas personales. Ahora que estoy a cargo de la Cineteca, prácticamente no tengo vida personal. En lo que más me ha repercutido es en mi relación de pareja.

Informante 8: He tenido varios problemas de salud por tanta presión en el trabajo.

Informante 9: Pues es que siempre trae uno broncas en la casa porque de la nada suena el teléfono, a la hora que sea y hay que salir a atender los pendientes.

Informante 10: A mí, en lo que más me ha afectado este trabajo es en la cuestión emocional. Sobre todo cada que hay cambio de administración. Yo pertenezco a la Federación, pero afecta cuando corren a alguien de tus compañeros, y pues debes echar la mano aunque sean responsabilidades que no te tocan. Pero, eso se hace pesado porque la gente anda triste, estresada, cansada, y todavía la gente afuera piensa que no hacemos nada. Yo era de las que pensaba así. O sea, sí hay gente que de plano no hace nada, pero eso no creo que suceda en los puestos administrativos bajos.

Como podemos observar, en sus historias: todas son proveedores en sus hogares. En algunos casos, sus familias representan redes de apoyo importantes para su desempeño en el trabajo. Sin embargo, fuera de grabación algunas me manifestaron lo difícil que es para ellos sobrellevar su trabajo y su familia a la vez. Las amistades que cada quien tiene en su vida se desdibujan conforme va pasando el tiempo dentro de la institución. Todas perciben que este mundo en el cual vivimos nos lleva a establecer aquí en la frontera de manera muy particular, redes de apoyo muy relativas, porque es una sociedad que nos obliga a una dinámica individualista.

4.4 Entorno laboral

Oportunidades de desarrollo

Las oportunidades de desarrollarse y escalar dentro del Instituto Chihuahuense de la Cultura Representación Juárez, son limitadas. Dentro de un universo concentrado estadísticamente en este trabajo, todos contestaron que es difícil que asciendan de puesto porque las plazas se encuentran concentradas en Chihuahua. Y pocas veces se da oportunidad en Ciudad Juárez de acceder a ellas. Esta información pudo ser corroborada con la revisión de los contratos y el tipo de trabajo que tiene cada uno de los empleados, como se muestra a continuación:

TRABAJADORES DE CONFIANZA	PLAZAS	HONORARIOS
70.00%	10.00%	20.00%

Como podemos observar, existen dos trabajadores por honorarios, esto presupone que si el cien por ciento del personal no cuenta con estabilidad laboral, también será difícil tener oportunidades de desarrollo. Capacitación Basado en las estadísticas de la información brindada por los

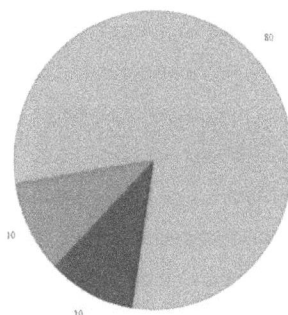

Capacitaciones recibidad por el personal al interior del ICHICULT

informantes, en la siguiente gráfica se muestran los tipos de capacitaciones que los informantes manifestaron tener:

En el análisis podemos observar que el personal no se encuentra capacitado. Esa información no es igual en todo el Ichicult, en Chihuahua, lugar central desde donde opera la institución, allá sí reciben otro tipo de capacitaciones.

Bonos e incentivos

Los bonos e incentivos tampoco son claros en el Instituto. No existe una reglamentación para ellos; sin, embargo, todos los informantes manifiestan que su jefe sabe cuidar a su personal, porque reconoce su trabajo, él mismo lo manifiesta en las entrevistas, donde incluso se siente respaldado por ellos.

Por ejemplo, todos dicen que cuando no existe mucho trabajo, su jefe les brinda la confianza para descansar de las jornadas extra que no se pueden pagar en efectivo. Esto es importante para mantener una armonía laboral, e incentiva a los empleados a brindar un buen servicio de gobernabilidad.

Para el 90 por ciento de los informantes, el Ichicult representó la oportunidad de alcanzar un puesto como servidor público de la cultura, que de otra forma es hubiera costado más trabajo obtener porque sus carreras no estaban ligadas directamente a esa área. Aún así, les queda claro cuál es el protocolo que deben seguir para brindar un buen servicio de gobernanza en los términos discutidos dentro del marco teórico. Como menciona la Informante 9:

> En el marco de la diversidad cultural y con la finalidad de generar opciones para el desarrollo artístico y cultural, así como promover la Cultura y las Artes en un contexto

74

educacional no formal; existen los proyectos institucionales del Ichicult Representación Juárez, para fomentar el conocimiento, aprecio, disfrute y difusión del patrimonio cultural regional y nacional para desarrollar progreso mediante la ciencia y el arte, se creó el Instituto Chihuahuense de la cultura. Sus programas contemplan y tienen el propósito de contribuir a una mejor calidad de vida y bienestar para la población juarense con el desarrollo de acciones que deben ser encaminadas a mejorar el tejido social. Con los recursos de los distintos fondos dirigidos a los programas culturales, se apoyan proyectos de iniciativa social, individual y/o colectivos; mismos que producen acciones de identidad, salvaguarda, promoción y fomento del patrimonio cultural (Entrevista por Reyes, 2015).

4.5 Propuesta de gobernanza dentro de la administración pública del ichicult[1]

La distribución de los dineros públicos es un tema importante para la acción pública y el desarrollo social. Este tópico resulta doblemente trascendente cuando se vive en un país, y en una ciudad, donde la desigualdad social se mezcla con factores como la violencia extrema, la cual desencadena la precarización de la vida humana (Valenzuela, 2012), tal es el caso de Ciudad Juárez.

Es decir, se debe pensar en el contexto geopolítico donde están insertos los grupos más vulnerables, para dirigir hacia ellos las políticas públicas culturales que atienden el rezago social. En

---

[1] Este manual fue creado para que funcione independiente de la tesis porque se pretende entregar al Ichicult, en virtud de ello, vuelve a explicar algunas cuestiones fundamentales del contexto

palabras de Carlota Solé (2002): "resulta necesario instaurar medidas paliativas de las situaciones de pobreza que permitan a todos los miembros de la sociedad gozar de la plena ciudadanía" (XII).

Por lo tanto, a mejor distribución de los recursos dentro de las políticas públicas culturales, mejores acciones para el desarrollo social de la ciudadanía. Ello implica que si los recursos se destinan de manera eficiente y equitativa en las zonas donde se combinan varias problemáticas relacionadas con el desarrollo, se puede garantizar que un mayor número de personas goce de los bienes públicos a los que tiene derecho. Sin embargo, también es sabido que las estrategias para destinar los recursos están supeditadas a condicionantes de tipo político, económico y por tanto, a la distribución geográfica del territorio. Ciudad Juárez y su condición de frontera con Estados Unidos, por ejemplo, fusiona la barrera visible y simbólica entre el primer y tercer mundo; además de contar con situaciones geográficas características que posibilitan el arraigo de problemáticas amalgamadas en los polígonos de pobreza.

Entonces, el presente capítulo está enfocado en la construcción propia de un índice de desarrollo social para Ciudad Juárez, el cual será contrastado con los polígonos de pobreza definidos por Sedesol para aplicar el programa Hábitat. Para lograr el objetivo se hizo un análisis socioespacial que incorpora las dimensiones: sociodemográfica, económica y cultural, donde además se aplicó de manera transversal el principio de equidad. En virtud de lo anterior, la guía del trabajo se dará en varias dimensiones: La primera aborda el marco teórico y la metodología. La segunda da a conocer el contexto geográfico de Ciudad Juárez y la ubicación de la región que se revisó. La tercera contiene el análisis y los hallazgos del índice. En un apartado fuera de estas dimensiones, pero apoyado en los resultados, se realiza una breve propuesta visual de política pública cultural para canalizar propuestas de intervención comunitaria en un programa que destina el Consejo Nacional para la Cultura y las Artes (Conaculta), a través de la Dirección General de Culturas Populares: El Programa para el Desarrollo Integral de las Culturas de los Pueblos y Comunidades Indígenas.

Según José Manuel Valenzuela Arce (2012), las fronteras contienen una condición geopolítica que alimenta la precarización humana. En esta mirada, el problema se aborda desde una perspectiva histórica fronteriza para comprender su problemática actual, caracterizada por la presencia de trasiego de drogas, miedo, impunidad y violencia; así como expresiones extremas que se manifiestan principalmente en exclusión social, muertes violentas, orfandad y "bajas colaterales" (Valenzuela, 2012). Por ende, el contexto socioespacial sitúa a Ciudad Juárez como un lugar donde las vidas de las personas con mayor rezago en materia de desarrollo son víctimas potenciales de sufrir varios tipos de violencia a la vez (estructural, económica, alimentaria, física, etc.). Ésta es la realidad donde se circunscribe el problema a analizar.

Como ya se mencionó anteriormente, es importante destinar de manera eficiente los recursos públicos. En este sentido, es responsabilidad de quienes estamos interesados en

77

las políticas y prácticas de la administración pública, crear estrategias para canalizar los programas que atienden a la ciudadanía con mayor rezago social. En este orden de ideas, se decidió anexar una propuesta dirigida hacia la Dirección General de Culturas Populares para el Programa para el Desarrollo Integral de las Culturas de los Pueblos y Comunidades Indígenas (PRODICI), debido a que la institución no cuenta con un documento diagnóstico similar que le permita ubicar de manera específica a la ciudadanía indígena descrita en las reglas de operación como su población objetivo.

Si se ofrece una estrategia clara, se puede también facilitar el trabajo al recurso humano dentro de la institución cultural; por ejemplo, para dar promoción del PRODICI, reduciendo el tiempo y el gasto operativo al ubicar visualmente las áreas donde se encuentran concentradas las poblaciones con personas que hablan al menos una lengua indígena. Cabe mencionar también, que Chihuahua es uno de los 12 estados donde se aplica el programa, esto hace todavía más pertinente el presente análisis.

El propósito de este apartado es realizar un análisis socioespacial comparativo entre los polígonos de pobreza definidos para aplicar el programa Hábitat y los polígonos resultantes de la construcción propia de un índice de desarrollo social para Ciudad Juárez que incorpora las dimensiones sociodemográfica, económica, cultural y de manera transversal el principio de equidad, con la finalidad de identificar si están adecuadamente destinados los recursos (subsidios federales, obras y acciones) de dicho programa, cuyo objetivo es atender

78

las zonas con mayor rezago socioeconómico y apoyar acciones individuales y comunitarias para el desarrollo.

Partiendo de la premisa, que en la actualidad, los recursos destinados por el programa Hábitat no están concentrados en las zonas con mayor rezago en desarrollo social de Ciudad Juárez, Chihuahua, debido a que la definición de los polígonos de pobreza no incluye más que la dimensión socioeconómica, sin considerar el carácter multidimensional y multifactorial del desarrollo social, necesario para pensar en programas culturales, por ejemplo.

Entendemos el desarrollo social como el proceso de mejoramiento y equidad de condiciones generales de bienestar de la población que permite una mejor calidad de vida y la reducción significativa en las brechas existentes en las dimensiones económicas, sociales, ambientales, políticas y culturales. A continuación, abordamos las variables para el estudio.

Equidad

Densidad poblacional

Para otorgar el principio de equidad al diagnóstico con el fin de conocer dónde se ubican las comunidades más pobladas, se toma en cuenta el índice de densidad poblacional: "La relación entre un espacio determinado y el número de personas que lo habitan se llama densidad de población, la cual se obtiene dividiendo el número de personas que viven en un lugar específico entre el número de kilómetros cuadrados que mide ese territorio" (Instituto Nacional de Estadística, Geografía e Informática, 2010), aunque es pertinente aclarar que no necesariamente las comunidades con más extensión territorial tienen mayor cantidad de habitantes, tal es el caso de Chihuahua. También reconoce el crecimiento desigual en las comunidades donde existen mayores asentamientos humanos, lo que conlleva a la escasez de recursos públicos.

Dimensión socioeconómica

Indicador de calidad y espacio disponible en la vivienda: viviendas con piso de tierra

Para calcular el indicador de logro en la calidad de la

Opciones	Valor de bienestar	Valor de logro
Tierra	0	0
Cemento o firme	1	0.5
Madera, mosaico u otro material	2	1

Cuadro 1: Valores de bienestar y logro para las opciones de piso.
Fuente: Consejo de Evaluación del Desarrollo Social del Distrito Federal (2011).

vivienda, el Consejo de Evaluación del Desarrollo Social del Distrito Federal (2011) asignó valores de bienestar a las opciones que aparecen en el cuadro:

Indicador de adecuación sanitaria: viviendas con agua al interior

Para construir el indicador de agua, el Consejo de Evaluación del Desarrollo Social del Distrito Federal (2011)

Sistemas de suministro de agua	Valores de bienestar SSAJ	Valores de logro LSSAJ= SSAJ/SSA*
Agua de río, arroyo o lago, pipa, otra vivienda; llave pública o hidrante.	0	0
Agua de pozo	1	0.33
Red pública fuera de la vivienda pero dentro del terreno	2	0.66
Red pública dentro de la vivienda	3 (SSA*)	1

Cuadro 2. Valores de bienestar y logro de sistemas de suministro de agua.
Fuente: Consejo de Evaluación del Desarrollo Social del Distrito Federal (2011).

asignó valores de bienestar a las distintas opciones de suministro de agua y dividió entre su norma para obtener el indicador de logro de agua, según la siguiente fórmula:

$$LSSAJ = SSAJ / 3$$

Dimensión cultural

Indicador de lengua indígena

Para estimar la cantidad de población indígena, el INEGI "el criterio lingüístico, esto es, el hecho de hablar o no una lengua indígena; esta característica se capta para la población de 5 y más años, ya que se considera que a esa edad las personas son capaces de dominar un idioma" (Instituto Nacional de Estadística, Geografía e Informática, 2004: 3).

Programa para el Desarrollo Integral de las Culturas de los Pueblos y Comunidades Indígenas

Como portadora de expresiones culturales y artísticas particulares, la población indígena, o de los pueblos originarios, es uno de los sectores de la población que más aporta a la diversidad cultural y, en consecuencia, requiere una atención que responda a la singularidad que les caracteriza. Para este propósito fue establecido el PRODICI. Desde su implementación en 2005, el programa plantea fortalecer el desarrollo cultural comunitario y el intercambio intercultural, para favorecer el diálogo, la participación, el respeto y la contribución de los pueblos indígenas a la cultura nacional. La cobertura de este programa es de 12 estados en los que existe una importante presencia de estos pueblos originarios: Chihuahua, Chiapas, Guanajuato, Hidalgo, Michoacán, Oaxaca, Quintana Roo, San Luis Potosí, Sonora, Tabasco, Veracruz y Yucatán (Culturas Populares e Indígenas, 2007-2012).

Por otro lado, la estigmatización hacia la población indígena no ha permitido su completa integración; y, aunada a la falta de políticas públicas y de programas que ayuden a dignificar y cambiar la percepción de rechazo, se han creado las condiciones adversas para que en los indígenas vivan en condición de vulnerabilidad. Respecto al concepto de vulnerabilidad, el Plan Nacional de Desarrollo (PND) lo define como:

> [...] el resultado de la acumulación de desventajas y una mayor posibilidad de presentar un daño, derivado de un conjunto de causas sociales y de algunas características personales y/o culturales. Considera como vulnerables a diversos grupos de la población entre los que se encuentran las niñas, los niños y jóvenes en situación de calle, los migrantes, las personas con discapacidad, los adultos mayores y la población indígena, que más allá de su pobreza,

viven en situaciones de riesgo (Plan Nacional de Desarrollo, 2012).

Materiales y método

Para la elaboración de este apartado se consideraron los siguientes indicadores propuestos por Sedesol, para determinar las variables socioeconómica, ambiental y cultural: densidad poblacional, viviendas con piso de tierra, acceso a agua potable dentro del hogar, porcentaje de hogares donde se habla al menos una lengua indígena. La unidad de medida utilizada fueron las Agebs Áreas Geoestadísticas Básicas (AGEB). La construcción de los indicadores se basó en la información censal del INEGI; información vectorial del INEGI y los polígonos de pobreza marcados para Ciudad Juárez por Sedesol. Las herramientas utilizadas para desplegar dicha información de manera visual fueron el Google Earth y el Arcgis 10. Para cada indicador se elaboró un mapa con descripción y su respectivo análisis de las variables involucradas.

Área de estudio

El Municipio de Juárez colinda al norte con los Estados Unidos de América, al este con los Estados Unidos de América y el municipio de Guadalupe, al sur con los municipios de Guadalupe, Ahumada y Ascensión y al oeste con el municipio de Ascensión (Ver Mapas 1 y 2). Esta ciudad es la cabecera del

Mapa 1   Mapa 2

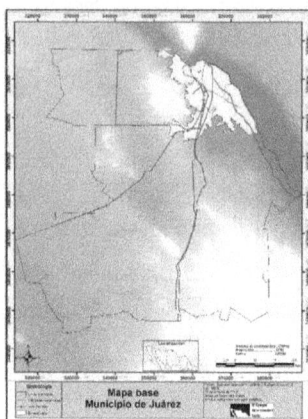 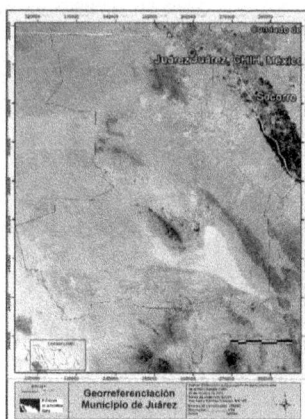

Mapa 3   Mapa 4

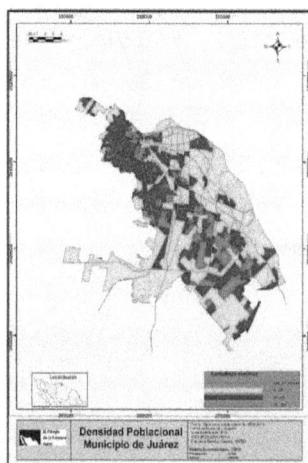 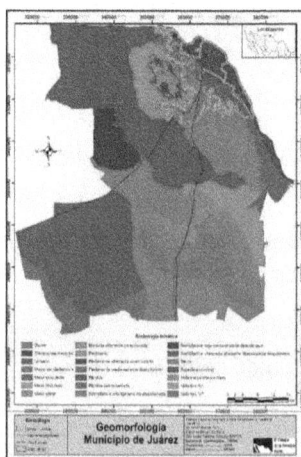

municipio de Juárez, es también la más poblada del estado de Chihuahua con 1,321, 004 habitantes (INEGI, 2012), la densidad poblacional se encuentra distribuida en la parte media de la mancha urbana (Ver Mapa 3). La ciudad está asentada entre el

Valle de Juárez y la Sierra de Juárez (Ver Mapa 4). Respecto a su hidrología, se encuentra dentro en el área denominada Cuenca Río Bravo-Juárez; limita al norte y este con los Estados Unidos (Ver Mapa 5). Existen varias corrientes y zonas planas que explican las inundaciones constantes que se presentan en la ciudad (Ver mapa 6).

Mapa 5

Mapa 6

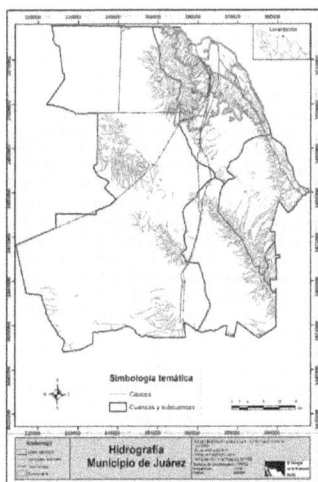

Entre los atractivos más interesantes, hacia el sur se encuentra ubicado el desierto o las dunas de Samalayuca (Ver Mapa 7). El contraste con respecto a la mancha urbana es interesante porque por un lado es una ciudad desértica; y por el otro, gran parte de los asentamientos humanos tienen un alto índice de inundación.

Cabe agregar antes de terminar este apartado, que por mucho tiempo las políticas públicas han ubicado a Rancho Anapra como una de las zonas con más alto índice de marginación, esto tal vez guarda relación por su cercanía con Estados Unidos (Ver mapa 8). Esto ha provocado que los esfuerzos de instituciones públicas y privadas hayan dirigido distintos programas para generar el desarrollo social en esa área.

Mapa 7   Mapa 8

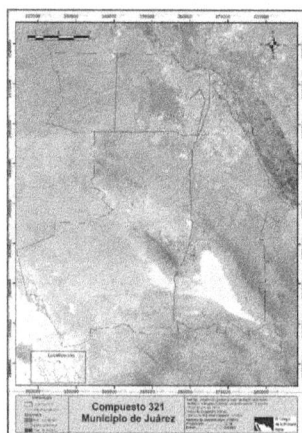
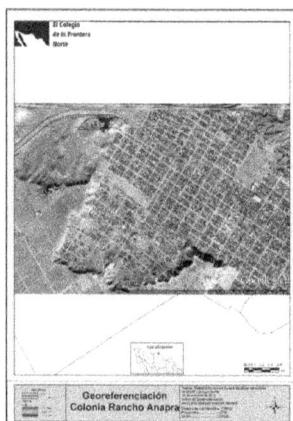

Índice de Desarrollo Social

A continuación se presentan los criterios para la asignación de valores para operacionalizar el principio de equidad de manera transversal en la creación del indicador. La última columna, no se utilizó para crear el índice, pero se toma en cuenta como un factor importante que acrecienta el riesgo de precarización social, debido al alto riesgo que tienen las personas de perder su patrimonio si se encuentran en una zona inundable (Romo, 2004).

Variable	Valor 1	Valor 2	Valor 3	Prioridad
Densidad poblacional	0-39	40-48	85-186	A
Porcentaje de viviendas con agua al interior (Mapa 9)	0-64	65-68	89-100	B
Porcentaje de viviendas con piso de tierra (Mapa 10)	0-6	7-21	22-100	C
Porcentaje de población que habla lengua indígena (Mapa 11)	0-3	4-12	13-32	E
Indicador de riesgo de inundación (Mapa 6)	0.000000 - 0.196000	0.196001 - 0.492600	0.492601- 1.000000	D

Cuadro 3. Elaboración propia a partir de datos recabados en los mapas.

Mapa 7   Mapa 8

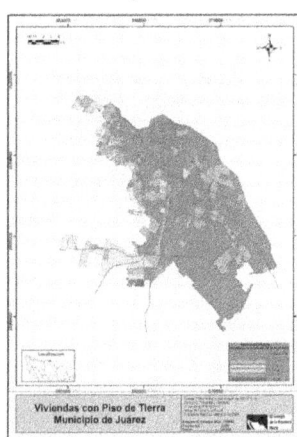

Mapa 9

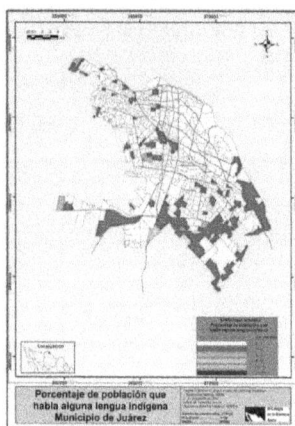

Porcentaje de población que
habla alguna lengua indígena
Municipio de Juárez

En el siguiente mapa, podemos ver desplegado el Índice de Desarrollo Social, agrupado de acuerdo con los criterios señalados en el cuadro 3. Así, de color rojo vemos las zonas donde se concentra la población con menor desarrollo social de acuerdo con las variables utilizadas. En color café se marcan las zonas con mediano desarrollo social y de color amarillo, las de menor rezago. Las líneas azules, son los polígonos de pobreza determinados por Sedesol.

Mapa 10

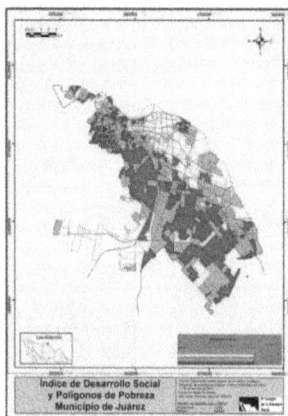

Índice de Desarrollo Social
y Polígonos de Pobreza
Municipio de Juárez

4.6 Conclusiones

A manera de recomendación para las personas que toman las decisiones dentro de las políticas públicas: La problemática observada en este anexo se debe a que tanto el Ichicult y los promotores culturales, no poseen las herramientas teóricas en cuanto al análisis socioespacial que les permitan canalizar los esfuerzos para atender a las comunidades con alto índice de precarización, como lo es la comunidad indígena o de los pueblos originarios. La idea es que no basta con que un pequeño grupo de personas reciban y asimilen la propuesta de un proyecto cultural. El reto está en lograr crear el concepto de comunidad y favorecer la creación de lazos comunitarios y de proyectos comunes que apunten a buscar mejores condiciones de vida para todos y no quedarse en el nivel de lo estético exclusivamente como un factor elitista para unos cuantos, sino ver la forma de promover un cambio en la conciencia social y en la movilización ciudadana, desde un posicionamiento político, de ahí la necesidad de analizar las propuestas de intervención comunitaria desde una óptica interdisciplinaria para generar desarrollo educativo, o cualquier tipo de desarrollo social que sea el caso.

En cuanto a la primera hipótesis, se aprueba porque las política y prácticas de los recursos humanos dentro del ICHICULT, durante la administración 2010-2015, no tienen una línea de gobernanza clara para desarrollar su trabajo, en parte por los cambios de administración y en parte porque los modelos centralistas de gobernanza no tienen conexión entre las oficinas de administrativas del Estado con las locales.

En cuanto a la segunda hipótesis, también se aprueba porque los empleados de bajo nivel dentro del ICHICULT, si bien han realizado un trabajo acorde a las necesidades del instituto, lo cierto es que no cuentan con las herramientas de capacitación dictadas desde Chihuahua.

La tercera hipótesis se comprueba porque, según los entrevistados, no existen modelos de operación de cada puesto para la óptima gestión de recursos humanos dentro del instituto, por ende, cada administración tiene que comenzar con información nueva, crear las bases y aplicar las políticas culturales.

La última hipótesis también resultó cierta porque los informantes, a pesar de la falta de capacitación, realizan su trabajo con calidad; sin embargo, si el modelo fuera claro, su trabajo sería más eficiente.

BIBLIOGRAFÍA

Aguilar, Luis (2010). "Gobernanza: el nuevo proceso de gobernar". Gobernanza: el nuevo proceso de gobernar. México: Fundación Fundación Friedrich Naumann para la Libertad. Ver: http://www.slideshare.net/rorago7/laguilar-villanueva-nuevo-proceso-de-gobernar-2010.

Alcántara, Manuel (2004). Gobernabilidad, crisis y cambio. México: FCE. Pp. 209-238.

Barzelay, Michael. (1998). "El paradigma posburocrático desde una perspectiva histórica" enAtravesando la burocracia, una nueva perspectiva de la administración pública, México, FCE, Pp. 173-196.

Carrillo, J., y Hualde, A. (1996). Maquiladoras de tercera generación. El caso de Delphi-General Motors. Espacios, 17(3).

Cerrillo i Martínez, Agustí (coord.) (2005). La gobernanza hoy: 10 textos de referencia. Madrid: Intitut Internacional de Governabilitat de Catalunya, INAP. Pp. 1-81.

Chiavenato, I., Villamizar, G. A., y Aparicio, J. B. (1999). Administración de recursos humanos (Vol. 2). México: McGraw-Hill.

Consejo de Evaluación del Desarrollo Social del Distrito Federal, 2011, "Índice de Desarrollo Social de las Unidades Territoriales del Distrito Federal, Delegación, Colonia y Manzana, México.

En: www.evalua.df.gob.mx/files/indice/ind_inf.pdf, consultado el 13 de marzo de 2016.

De Tocqueville, Alexis. (1989). "Relaciones entre las asociaciones civiles y las asociaciones religiosas". En La democracia en América, II. Edición Crítica. Pp. 156-164.

Garson, David, G. (1994). "De la ciencia de políticas al análisis de políticas: Veinticinco años de progreso", en Aguilar Villanueva, L. (ed.) El estudio de las políticas públicas, México, Editorial Miguel Ángel Porrúa, Pp. 149-179.

Guillén, C. J. C., y Lorente, J. J. C. (2003). "Estrategia de negocio y prácticas de recursos humanos en las cooperativas". CIRIEC-ESPAÑA, (46), 63-84.

Gutiérrez Lozano, Arturo. (2011) "Reporte de evaluación del Programa Emergente y PACMYC en Ciudad Juárez". Ciudad Juárez: Unidad Regional de Culturas Populares.

Informe Mundial sobre la Violencia y la Salud: resumen, 2002, Washington D.C., Organización Panamericana de la Salud, Oficina Regional para las Américas de la Organización Mundial de la Salud.

Instituto Chihuahuense de la Cultura, 2016, en: http://www.elem.mx/institucion/datos/1556. Consultado el 17 de abril de 2016.

Instituto Nacional de Estadística, Geografía e Informática, 2004, "La Población hablante de Lengua Indígena en Chihuahua", México, en:

http://www.inegi.org.mx/prod_serv/contenidos/espanol/bvinegi/ productos/censos/poblacion/poblacion_indigena/per_li_chih.pdf . Consultado el 13 de febrero de 2016.

Instituto Nacional de Estadística, Geografía e Informática, 2010, México. En: www.inegi.org.mx/, consultada el 12 de febrero de 2016.

Instituto Nacional de Estadística y Geografía e Informática. Encuesta Nacional de Victimización y Percepción sobre Seguridad Pública (ENVIPE 2013). En http://www.inegi.org.mx/est/contenidos/Proyectos/Encuestas/H ogares/regulares/envipe/envipe2013/default.aspx, 2013, consultado el 16 de abril de 2015.

Quintanilla, J., Sánchez-Mangas, R., y Susaeta, L. (2010). Políticas y prácticas de Recursos Humanos en el contexto organizativo de la Empresa multinacional. España: IESE Business School- Fundación BBVA.

Laswell, Harold (1994). "La concepción emergente de las ciencias políticas", en Aguilar Villanueva, L. (ed.) El estudio de las políticas públicas, México, Editorial Miguel Ángel Porrúa, Pp. 105-110.

Martínez Martínez, Pedro (2001). "Política social y gobernabilidad". En Cristina T. Penso e Isabel Font (coord.). Políticas sociales y nuevos actores. UAM-Azcapotzalco.

Mejía Lira, José (S/F). La evaluación como herramienta para una gestión pública orientada a resultados. La práctica de la evaluación en el ámbito público mexicano. Ponencia presentada

93

en el X Congreso Internacional del CLAD sobre la reforma del Estado y de la administración pública, Santiago, Chile (pp. 18-21).

Moloeznik, Marcos Pablo. "Seguridad Pública y Reforma Policial en México: ¿Cambio o continuidad?". En Dammert, Lucía y John Bailey(coordss). Seguridad y reforma policial en las Américas. México/Chile: Facultad Latinoamericana de Ciencias Sociales (Flacso, Chile), Universidad de Georgetown, USA, Naciones Unidas (ILANUD), Siglo XXI, 2005, pp. 220-295.

Moloeznik, Marcos Pablo. "Seguridad pública, policía y transición política". En José Carlos G. Aguilar y María Eugenia Suárez de Garay(eds.).Policía, Seguridad y Transición Política. Un acercamiento al estado del México contemporáneo. Amsterdam: Cuadernos del CEDLA, núm. 23, pp. 15-39, 2008.

Monografías (2013) "Antedentes de los Recursos Humanos", consultado en: http://www.monografias.com/trabajos17/antecedentes-recursos-humanos/antecedentes-recursos-humanos.shtml, consultado el 31 de Mayo de 2014.

Organización Mundial de la Salud. Cobertura Sanitaria Universal. En http://www.who.int/about/agenda/es/, consultado el 24 de abril de 2015.

Pérez Aramburu, E. (2011). La administración pública en el estado moderno: Enfoques teóricos para el análisis de la administración pública [en línea]. Trabajo final de grado. Universidad Nacional de La Plata. Facultad de Humanidades y

Ciencias de la Educación. Disponible en: http://www.memoria.fahce.unlp.edu.ar/tesis/te.667/te.667.pdf, consultada el 29 de mayo de 2014.

Plan Nacional de Desarrollo (2012). México: Gobierno Federal. En: www.pnd.gob.mx, consultada el 9 de noviembre de 2015.

Pliego, Fernando (2000). Participación comunitaria y cambio social. México: IIS-UNAM-Plaza y Valdez.

Programa para el Desarrollo Integral de las Culturas de los Pueblos y Comunidades Indígenas (2007-2012). México: Gobierno de la República. Disponible en: http://www.culturaspopulareseindigenas.gob.mx/cp/index.php/p rogramas/prodici.html, consultada el 2 de mayo de 2016.

Programa de las Naciones Unidas para el Desarrollo Informe sobre desarrollo humano. En http://hdr.undp.org/es/content/sobre-el-desarrollo-humano, consultado el 24 de abril de 2015.

Rodríguez-Ponce, E. R. (2007). "Gestión del conocimiento y eficacia de las organizaciones: Un estudio empírico en instituciones públicas. Interciencia", 32(12), 820-826.

Romo Aguilar, María de Lourdes (2004). "Participación social en materia ambiental en un marco de gobernabilidad democrática. Región Paso del Norte", en Gobernabilidad o ingobernabilidad en la región Paso del Norte. México: Colegio de la Frontera Norte. 137.

Secretaría de Desarrollo Social (Sedesol 2010). Diario Oficial de la Federación. Segunda Sección-Vespertina. 1ra ed. Distrito Federal: SEDESOL, 2010, pág. 11.

Sen, Amartya. Desarrollo y Libertad. Buenos Aires: Editorial Planeta, 2000.

Solé, Carlota (2002). "Prólogo". En La legitimación social de la pobreza, España, Anthropos Editgorial, pp. IX-XIV.

Torgerson, Douglas. (1994). "Entre el conocimiento y la política", en Aguilar Villanueva, L. (ed.) El estudio de las políticas públicas, México, Editorial Miguel Ángel Porrúa, Pp. 218-237.

Turino, Celio (2009). Ponto de Cultura. O Brasil de baixo para cima, Anita Garibaldi,   Sao Paolo, Brasil.

Valenzuela Arce, José Manuel (2012). Sed del mal. Feminicidio, jóvenes y exclusión social, México. El Colegio de la Frontera Norte/ Universidad Autónoma de Nuevo León.

ANEXOS

ANEXO 1

Entidad federativa	Seguro	Inseguro	No responde
Chihuahua	1,326	7,050	158
Durango	1,612	8,153	161
Sinaloa	2,765	10,504	214

Percepción de seguridad en entidad federativa según ENVIPE 2012

Tabla 1: Percepción de seguridad en el triángulo dorado (2012). Fuente: Elaboración propia a partir de datos del ENVIPE/INEGI.

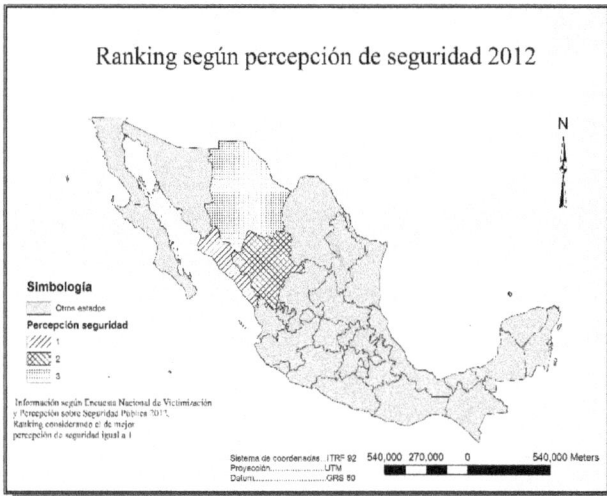

Mapa 5: Elaboración propia.

Incidencia por tipo de delito según entidad federativa según ENVIPE 2012	Entidades federativas		
Tipo de delito	Chihuahua	Durango	Sinaloa
Robo total de vehículo (automóvil, camioneta, camión)	133	60	106
Robo de accesorios, refacciones o herramientas de vehículos (automóvil, camioneta, camión)	305	260	266
Robo en su casa habitación	211	176	231
Robo o asalto en la calle o en el transporte público (incluye robo en banco o cajero automático)	139	76	245
Robo en forma distinta a los anteriores	40	31	65
Clonación de tarjeta (crédito o débito) y fraude bancario	69	19	95
Entrega de dinero por un producto o un servicio que no recibió conforme a lo acordado (fraude)	15	22	35
Amenazas, presiones o engaños para exigirle dinero o bienes; o para que hiciera algo o dejara de hacerlo (extorsión).	144	177	208
Amenazas verbales de alguien plenamente identificado y que le causaron temor real	64	61	123
Lesiones por una agresión física	34	20	36
Secuestro para exigir dinero o bienes	2	2	2
Hostigamiento, manoseo, exhibicionismo, intento de violación	3	14	16
Violación sexual	2	1	1
Otros delitos distintos a los anteriores		1	8
Total de las tres entidades federativas	1,309	1,018	1,566

Tabla 11. Cuadro de delitos en el triángulo dorado durante el 2012.
Fuente: Elaboración propia a partir de datos del ENVIPE/INEGI.

Percepción de seguridad en entidad federativa según ENVIPE 2014

Entidad federativa	Seguro	Inseguro	No responde
Chihuahua	587	1957	75
Durango	613	1914	75
Sinaloa	923	2576	55

Tabla 12: Percepción de seguridad en el triángulo dorado (2014).
Fuente: Elaboración propia a partir de datos del ENVIPE/INEGI.

Mapa 6: Elaboración propia.

Incidencia por tipo de delito según entidad federativa según ENVIPE 2014

Tipo de delitos	Entidades federativas		
	Chihuahua	Durango	Sinaloa
Robo total de vehículo (automóvil, camioneta, camión)	77	48	57
Robo de accesorios, refacciones o herramientas de vehículos (automóvil, camioneta, camión)	298	208	230
Pinta de barda o grafiti en su casa, rayones intencionales en su vehículo u otro tipo de vandalismo	166	163	171
Alguien entró a su casa o departamento sin permiso mediante el uso de la fuerza o por engaños y robó o intentó robar algo	201	141	254
Robo o asalto en la calle o en el transporte público (incluye robo en banco o cajero automático)	149	108	207
Robo en forma distinta a la anterior	23	14	91
Alguien usó su chequera, número de tarjeta o cuenta bancaria sin su permiso para realizar cargos o para extraer dinero de sus cuentas(fraude bancario) o le dio dinero falso	49	21	69
Entregó dinero por un producto o un servicio que no recibió conforme a lo acordado (fraude al consumidor).	49	37	62
Amenazas, presiones o engaños para exigirle dinero o bienes; o para que hiciera algo o dejara de hacerlo (extorsión)	176	176	193
Amenazas verbales de alguien plenamente identificado o por escrito hacia su persona diciendo que le va a causar un daño a usted, a su familia, a sus bienes o su trabajo	81	56	159
Alguien sólo por actitud abusiva o por una discusión lo(a)golpeó generándole una lesión física (moretones, fracturas,cortadas, etc.)	26	24	49
Lo secuestraron para exigir dinero o bienes	1	1	2
Alguien en contra de su voluntad lo(a) agredió mediante hostigamiento sexual, manoseo, exhibicionismo o intento de violación	9	11	15
Fue obligado(a) mediante violencia física o amenaza por alguien conocido o desconocido a tener una actividad sexualno deseada (Violación sexual)	1	3	2
Otros delitos distintos a los anteriores	3	7	5
Total de las tres entidades federativas	1309	1018	1566

Tabla 13: Cuadro de delitos en el triángulo dorado durante el 2012.

Fuente: Elaboración propia a partir de datos del ENVIPE/INEGI.

99

ANEXO 2

Fuente: DENUE.

ANEXO 3

Guía de cuestionarios

Estas herramientas se diseñaron para responder a los objetivos de la investigación. La guía para los altos puestos dentro de la institución pública se realizó en dos bloques, con el fin de contrastar la información con la que proporcionaron los trabajadores de menor rango.

Guion de la entrevista para jefes de departamento

1. ¿Considera que todos los trabajadores tienen los mismos derechos y obligaciones en los trabajos que realizan?

2. ¿Considera que el trabajo que usted hace es valorado dentro del ICHICULT?

3. En sus propias palabras, ¿cómo define la gestión de recursos humanos?

4. ¿Cuántos cursos de capacitación existen en la formación profesional dentro de la institución y con qué frecuencia capacitan a los trabajadores?

5. ¿A usted le afecta el centralismo dentro de las políticas y prácticas del ICHICULT?

6. Las capacitaciones que les brinda la institución, ¿están diseñadas para atender a la ciudadanía o para que los trabajadores del ICHICULT establezcan mejores relaciones laborales?

7.   ¿Qué incentivos brinda a sus trabajadores?

8.   ¿Qué actividades propicia dentro del ICHICULT para establecer los lazos de compañerismo entre sus trabajadores?

9.   Si pudiera, ¿qué cambiaría dentro del ICHICULT?

10.   ¿Desea agregar algo más o hacer una aportación a esta entrevista?

Guion de la entrevista para trabajadores

1.   ¿Por qué decidió trabajar como funcionario público?

2.   ¿Quién es el principal sostén económico de su hogar?

3.   ¿Qué piensa su familia con respecto a su trabajo?

4.   ¿La calidad de vida de su familia ha mejorado desde que usted trabaja en el ICHICULT?

5.   ¿Qué satisfacciones personales ha traído para usted y para su familia trabajar en el ICHICULT?

6.   ¿Cuánto tiempo duró su entrenamiento como funcionario público?

7.   Cuando entró a laborar, ¿tuvo problemas para realizar su trabajo? [en caso de que sí] ¿cómo logró superarlos?

8.   Cuando tiene problemas personales, ¿existen personas dentro de la institución que lo escuchan y/o apoyan? ¿y fuera de la institución cuenta con esas redes?

9. Si pudiera elegir entre cualquier otra profesión, ¿qué le gustaría hacer?

10. ¿Considera que el trabajo que hacen todos los empleados es valorado de la misma manera dentro del ICHICULT?

11. En su casa, generalmente: ¿quién se levanta primero y quién se levanta al último?

12. ¿Qué le gusta hacer en su tiempo libre?

13. ¿Pertenece a un club para distraerse o practica algún deporte?

14. ¿Cuántos cursos de capacitación ha recibido en su formación profesional dentro de la institución y con qué frecuencia los capacitan?

15. Mencione los cursos que ha tomado dentro del ICHICULT

16. Las capacitaciones o que les brinda la institución, ¿están diseñadas para atender a la ciudadanía o para que los trabajadores del ICHICULT establezcan mejores relaciones laborales?

17. ¿Considera que la institución le brinda la misma capacitación a todos?, en caso de que no: ¿cuál es la diferencia?

18. En el trato del personal hacia usted, ¿qué le molesta de sus superiores, compañeros o personal administrativo?

19.   ¿Conoce alguna historia de maltrato laboral que le haya pasado a usted u otro compañero de trabajo en esta institución?

20.   ¿Recuerda algún caso en el que usted o alguien que conoce haya sido discriminado en este trabajo?

21.   Si le dieran la oportunidad de elegir el trabajo que desempeña en la institución, ¿dónde le gustaría estar, qué le gustaría hacer?

22.   Si pudiera, ¿qué cambiaría dentro de la institución?

23.   ¿Qué prestaciones laborales considera que le hacen falta a la institución?

24.   ¿Qué necesita para poder desarrollar mejor su trabajo y para atender a su familia a la vez?

25.   ¿Ha cambiado la dinámica de su vida personal desde que trabaja en el ICHICULT?

26.   Descríbame un día laboral cotidiano, desde que se levanta hasta que se acuesta.

27.   Descríbame un día de descanso cotidiano.

28.   ¿Tienen un lugar asignado en el trabajo para descansar, platicar o tomar un café? [Si contesta no]: ¿lo considera necesario?

29.   Cuando sus hijos e hijas se enferman, ¿les permiten salir del trabajo?

30. ¿Hay algo más que desee compartir o sugerir en esta investigación?

ANEXO 4

Encuesta sociodemográfica

1. Fecha de ingreso al ICHICULT:

2. Puesto laboral:

3. Edad:

4. Lugar de origen

5. Ocupación antes de ser funcionario público:

6. Situación conyugal o estado civil:

a) Soltero   b) Casado   c) Unión libre   d) Viudo   e) Divorciado
f) Otra

7. Número de hijos y/o hijas:

8. Último grado de estudios:

9. Calle y Colonia o fraccionamiento donde vive:

10. ¿Cuánto tiempo tiene viviendo en esa colonia o fraccionamiento?

11. ¿En qué otras colonias de Ciudad Juárez ha vivido?

12. ¿Tiene casa a su nombre?

13. ¿Cuántas habitaciones tiene su casa?

14. Subraye los servicios con los que cuenta:

a) Agua   b) luz   c) gas natural   d) teléfono   e) internet   f) pavimento

15.   ¿Cuántas personas viven en su domicilio?

16.   ¿Tiene automóvil propio?

17.   ¿Cuánto tiempo de toma transportarse de su casa al trabajo?

18.   ¿Cuántas horas trabaja a la semana?

ANEXO 5

Contextualización y encuadre

En este apartado trato de explicar los procesos de marginación social y políticas públicas de desarrollo social, a partir del análisis de algunas variables socioeconómicas de los estados de Chihuahua, Durango y Sinaloa. Seleccioné dichos estados haciendo un recorte espacial que me permita ubicar una parte de la cartografía de la administración pública, ya que los estudios de caso presentados en esta investigación radican ahí, con la intención de comprender hasta qué punto las condiciones sociales influyeron en las políticas públicas. Si bien, sólo utilizaré dentro del análisis a Ciudad Juárez, me parece importante describir estos tres territorios, para demostrar que las políticas públicas varían de acuerdo al contexto, y que por ello las propuestas deben estar centradas y ubicadas para ser viables.

Debo aclarar que los resultados no pretenden obtener una respuesta definitiva, sino que buscan dar cuenta del contexto que rodea la problemática del norte dentro de un límite geográfico que es conocido como "triángulo dorado". En el siguiente mapa vemos la ubicación geográfica del triángulo dorado (Ver mapa 1).

Revisé los periodos socioeconómicos de 2010, cuyas bases de datos del INEGI eran las más recientes hasta el momento de cerrar este apartado de la investigación. También revisé las encuestas de la Encuesta Nacional de Victimización y Percepción sobre Seguridad Pública (ENVIPE) del 2012 y 2014 en los tres estados. Las variables socioeconómicas a analizar

108

son: salario, educación, salud o derechohabiencia e infraestructura social (electricidad, disponibilidad de agua y drenaje), elementos elegidos por conformar tres dimensiones del desarrollo humano: "una vida saludable, un nivel de vida digno y con acceso a la educación " (Programa de las Naciones Unidas para el Desarrollo, 2015).

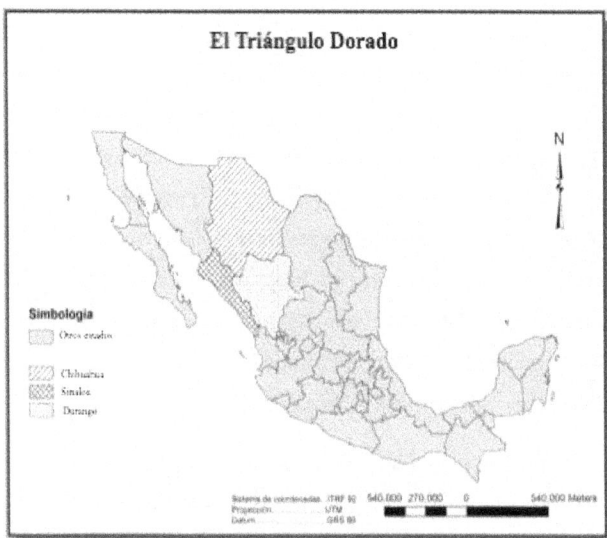

Mapa 1. Ubicación geográfica del triángulo dorado

Fuente: Ramírez y Reyes, 2015.

Antecedentes de pobreza en las políticas públicas

Objetivos del milenio

La aplicación de las políticas públicas es un tema importante para el desarrollo social y se refleja en acciones concretas como las estrategias y programas sociales. Este tópico resulta trascendente cuando se vive en un país donde la desigualdad social recrudece factores como la violencia extrema, cuyos lindes desencadenan en políticas públicas o acciones afirmativas, tal es el caso del triángulo dorado. En el plano global, los objetivos de sistemas internacionales como Naciones Unidas afectan las políticas nacionales e inciden en la generación de pautas y lineamientos dentro de las políticas ejercidas a partir del derecho internacional codificado, cuyos elementos se convierten en resoluciones para aplicarse en políticas públicas, o cartas de intención. Según el Programa de las Naciones Unidas para el Desarrollo:

El objetivo principal del desarrollo es ampliar las opciones de las personas. En principio, estas opciones pueden ser infinitas y cambiar con el tiempo. A menudo las personas valoran los logros que no se reflejan, o al menos no en forma inmediata, en las cifras de crecimiento o ingresos: mayor acceso al conocimiento, mejores servicios de nutrición y salud, medios de vida más seguros, protección contra el crimen y la violencia física, una adecuada cantidad de tiempo libre, libertades políticas y culturales y un sentido de participación en las actividades comunitarias. El objetivo del desarrollo es crear un ambiente propicio para que la gente disfrute de una vida larga, saludable y creativa (Programa de las Naciones Unidas para el Desarrollo, 2015).

Esta postura coincide con la de AmartyaSen, quien marcó un paradigma respecto a las pobreza y el desarrollo, que no solamente mencionaba el aumento de facultades económicas o mediciones como el Producto Interno Bruto (PIB) y materiales, sino la capacidad que implicaba un aumento de libertades y facultades humanas, las cuales permitan llevar un tipo de vida valorada por el individuo(2).

En el caso de los Objetivos del Milenio (ODM), planteados como políticas internacionales que afectan las políticas nacionales, existen clasificaciones puntuales en Metas y Objetivos específicos. El primer objetivo es aquel que está alineado con la política de Hábitat, institucionalizada en el 2003 por la Secretaría de Desarrollo Social pero éste se desprende de la declaración en la Cumbre de Estambul de 1996. Dicho programa articula los objetivos de la política social con los de la política de desarrollo urbano y ordenamiento territorial del Gobierno Federal, para contribuir a reducir la pobreza urbana y mejorar la calidad de vida de los habitantes de las zonas urbanas marginadas.

El objetivo que me interesa rescatar para el análisis de este texto es el 2: "La erradicación de la pobreza en el contexto del desarrollo sostenible, donde se menciona la erradicación de la pobreza extrema y el hambre; es decir, sólo se enfoca en la pobreza alimentaria.

2

Sin embargo, la pobreza implica otros factores globales.

Retomando el pensamiento de AmartyaSen:

> La pobreza debe concebirse como la privación de capacidades básicas que tiene una persona, es decir, de las libertades fundamentales de que disfruta para llevar el tipo de vida que tiene razones para valorar. La pobreza no es meramente la falta de ingresos (que pueden causar la pobreza, sino la privación de capacidades que puede, en muchos casos, derivar de la falta de renta (Amartya, 2000).

El acceso a los servicios básicos, la derechohabiencia, la educación y la percepción de seguridad también son elementos medibles que influyen en la pobreza de las personas. Por esta razón, consideré tales elementos para explicar el contexto geográfico del triángulo dorado.

Ingreso promedio en el triángulo dorado y densidad poblacional

Dentro de los Objetivos del Milenio se consideran tres rubros en las tres metas relativas a la pobreza; el primero consiste en el elemento del ingreso, relacionado al concepto del crecimiento, que tiene como mecanismo central el problema de la distribución, en otras palabras, de las facultades materiales como posibilidad de superación de la pobreza y no de las capacidades-capabilities; el segundo, es relativo al ámbito laboral, lo que se podría interpretar como un elemento para el aumento de bienes materiales, cuya consecuencia tiene

3   *Objetivos de Desarrollo del Milenio*. En septiembre del año 2000 se celebró en Nueva York, la Cumbre del Milenio de las Naciones Unidas (ONU). En dicho evento, los jefes de estado y de gobierno de 189 naciones se comprometieron con el contenido de la Declaración del Milenio, para alcanzar, a más tardar en 2015, lo que se denominaron los Objetivos de Desarrollo del Milenio (ODM). Cf. http://www.objetivosdedesarrollodelmilenio.org.mx/

4   *Hábitat*. Cf. http://www.sedatu.gob.mx/sraweb/programas/habitat/

posibilidades de afectar en la libertad de los individuos; por último, se aborda la pobreza alimentaria, que tiene una fuerte relación con criterios como la Línea de Pobreza (LP), tomando en cuenta el ingreso mínimo para adquirir una Canasta Normativa Alimentaria(CNA) .Por tal razón, tomé en consideración el salario promedio actualizado de los estados que conforman el triángulo dorado:

Salario promedio por entidad federativa 2014		
Chihuahua	Durango	Sinaloa
253.35	215.46	207.32

Tabla 1: salario diario promedio comparativo en el triángulo dorado, 2014.
Fuente: elaboración propia con base en cotizaciones del IMSS.

En la tabla anterior podemos observar que Chihuahua tiene los salarios más altos del triángulo dorado, seguido de Durango y por último Sinaloa. Otro elemento a considerar es la densidad poblacional de cada estado, porque la cantidad de habitantes puede representar una diferencia cualitativa al cruzar las dimensiones:

Tabla 2: Densidad poblacional en Chihuahua. Fuente: Elaboración propia a partir de datos del INEGI 2010.

Población total por edad y sexo en Durango

Edad desplegada	Población total	Sexo	
		Hombres	Mujeres
0 a 14	495,733	251,838	243,895
15 a 29	427,457	211,394	216,063
30 a 44	324,990	155,522	169,468
45 a 59	206,665	98,311	108,354
60 a 74	109,027	52,984	56,043
75 y más	40,654	19,638	21,016
No especificado	28,408	14,203	14,205
Total	1,632,934	803,890	829,044

113

Es interesante resaltar que en la tabla desagregada por edades, las mujeres tienen menor expectativa de vida, la cual aumenta a partir de los 60 años. Según datos del INEGI, en México la esperanza de vida se refiere al número de años que en promedio se espera que viva una persona después de nacer. Una esperanza de vida alta indica un mejor desarrollo económico y social en la población. El censo de 2010 muestra que en México las mujeres viven aproximadamente hasta los 77 años y los hombres hasta los 71 años; sin embargo, para 2014, los hombres aumentaron un año más, alcanzando los 72 años, mientras las mujeres se mantuvieron igual.

Población total por edad y sexo en Durango

Edad desplegada	Población total[1]	Sexo	
		Hombres	Mujeres
0 a 14	495,733	251,838	243,895
15 a 29	427,457	211,394	216,063
30 a 44	324,990	155,522	169,468
45 a 59	206,665	98,311	108,354
60 a 74	109,027	52,984	56,043
75 y más	40,654	19,638	21,016
No especificado	28,408	14,203	14,205
Total	1,632,934	803,890	829,044

Tabla 3: Densidad poblacional en Durango.
Fuente: Elaboración propia a partir de datos del INEGI 2010.

Población total por edad y sexo en Sinaloa

Edad desplegada	Población total¹	Sexo	
		Hombres	Mujeres
0 a 14	787,536	400,954	386,582
15 a 29	726,287	362,922	363,365
30 a 44	591,077	290,334	300,743
45 a 59	385,323	186,515	198,808
60 a 74	198,649	98,213	100,436
75 y más	68,076	31,827	36,249
No especificado	10,813	5,436	5,377
Total	2,767,761	1,376,201	1,391,560

Tabla 4: Tabla 5: Densidad poblacional en Sinaloa.
Fuente: Elaboración propia a partir de datos del INEGI 2010.

Chihuahua tiene más habitantes, seguido por Sinaloa y Durango; empero, con estos datos, todavía no podemos argumentar un resultado en función del desarrollo social, concepto que abarca el proceso de mejoramiento y equidad de condiciones generales de bienestar de la población, el cual permite una mejor calidad de vida y la reducción significativa en las brechas existentes en las dimensiones económica, social, ambiental, política y cultural.

Respecto a la ponderación para la creación de este índice, tomé en cuenta el concepto de la definición de la pobreza publicado por la Secretaría de Desarrollo Social (SEDESOL) misma que considera las condiciones de la población en tres espacios: "el bienestar económico, el de los derechos sociales y el contexto territorial (Sedesol, 2010)". En esta definición se toman en cuenta necesidades relacionadas al ejercicio de los derechos para el desarrollo social, y es por esto que realizo este vínculo entre el desarrollo social y la pobreza, donde más adelante ofrezco el enfoque de la precarización de la vida humana para la contextualización del análisis.

Contraste de indicadores en el triángulo dorado

Para realizar el comparativo tuve en cuenta que, para la mitigación y eliminación de desigualdades que concluyan con un mejor desarrollo social, se deben observar diferentes perspectivas; es decir, realizar un análisis de múltiples dimensiones. Para la medición de la pobreza a nivel de políticas federales se consideran aportaciones metodológicas como la Medición de la Pobreza Multidimensional, cuyos indicadores son: Ingreso corriente per cápita (ya analizado en el Cuadro 1), rezago educativo promedio en el hogar, acceso a los servicios de salud, acceso a los servicios básicos en la vivienda, acceso a la seguridad social, calidad y espacios de vivienda, acceso a la alimentación y grado de cohesión social (Coneval, 2009).

Esta consideración de la pobreza multidimensional requiere información que incluye elementos económicos y de desigualdad. Por ejemplo, la corriente per cápita, sensible a la distribución del ingreso según la población, también tiene en cuenta elementos sociales que incrementan las capacidades, así como la educación que presuntamente aumenta las capacidades de los individuos y mejora sus posibilidades para la obtención de trabajo, la seguridad social genera un respaldo para posibles incapacidades, con relación en la vivienda se obtienen elementos sociales y económicos que conciernen la dotación de infraestructura, etcétera. La incidencia en el delito y percepción de seguridad es el indicador cualitativo que me socorrió para contrastar la información y probar mi hipótesis (Coneval, 2009).

Educación

Como se menciona anteriormente, este 2015 se pretende alcanzar los Objetivos del Milenio este 2015. El Objetivo 2 tiene que ver con "lograr la enseñanza promedio a nivel universal" . Para la medición de este ponderador tomé en cuenta el porcentaje de hombres y mujeres mayores de 15 años que forman parte de la matrícula escolar de cada uno de los estados del triángulo dorado, considerando los niveles de preescolar, primaria, estudios técnicos, educación media superior y educación superior. A continuación despliego los resultados:

117

Población de 15 años y más en Chihuahua, Durango y Sinaloa sexo y según nivel de escolaridad y grado promedio de escolaridad

Entidad federativa	Sexo	Población de 15 años y más	Sin escolaridad	Educación básica						Estudios técnicos o comerciales con primaria terminada	Educación media superior	Educación superior	No especificado	Grado promedio de escolaridad
				Preescolar	Primaria	Secundaria							
						Incompleta	Completa	No especificado					
Chihuahua Hombres	1,141,942	46,971	3,928	363,422	62,173	245,733	3,055	8,442	220,369	188,654	9,195	8.82
Mujeres	1,178,582	51,105	3,361	354,184	50,277	269,434	3,512	21,866	233,860	181,422	9,571	8.83
Total	2,320,524	98,076	7,289	707,606	112,450	515,167	6,567	30,298	454,229	370,076	18,766	8.82
Durango Hombres	537,849	23,103	1,727	176,034	29,649	126,739	735	2,236	94,336	80,910	2,380	8.53
Mujeres	570,944	23,924	1,501	179,363	25,115	140,832	800	8,045	107,933	80,681	2,750	8.62
Total	1,108,793	47,027	3,228	355,397	54,764	267,571	1,535	10,281	202,269	161,591	5,130	8.58
Sinaloa Hombres	969,811	54,157	3,672	271,794	62,924	162,159	2,182	2,542	209,943	196,801	3,637	9.03
Mujeres	999,601	48,139	3,026	282,907	50,085	174,012	2,426	9,404	222,985	202,002	4,615	9.14
Total	1,969,412	102,296	6,898	554,701	113,009	336,171	4,608	11,946	432,928	398,803	8,252	9.08

Tabla 6: Escolaridad promedio en el triángulo dorado.

Fuente: Elaboración propia a partir de datos del INEGI 2010.

Mapa 2: Elaboración propia.

Se pueden hacer varias interpretaciones a partir de la información anterior; por ejemplo, si atendemos únicamente en términos cuantitativos a los Objetivos del Milenio, se puede decir que existe el objetivo de educación se cumplió en los tres

---

[6] Objetivos de Desarrollo del Milenio, *Op. cit.*

118

estados. Sin embargo, habría que preguntarnos, por un lado, si con un máximo de nueve años cursados se puede tener realmente un empleo para conseguir una vida digna en el mercado formal; y por otro lado, matizar que esos nueve años logran subir la media de la población escolarizada con quienes tienen arriba de la educación media superior.

Por su parte, el Plan Nacional de Desarrollo para México (2013-2018), también pone en duda este análisis cuantitativo cuando dice que la meta del gobierno federal es: "la base para garantizar el derecho de todos los mexicanos a elevar su nivel de vida y contribuir al progreso nacional mediante el desarrollo de sus habilidades, conocimientos y capacidad innovadora e impulsando valores cívicos y éticos, que permitan construir una ciudadanía responsable y solidaria con sus comunidades (Gobierno de la República, 2015)".

Ahora bien, si observamos por desagregación de sexo, notamos que en los tres estados parecen tener más educación formal las mujeres. Este dato puede manipularse para pensar que existe mayor oportunidad para las mujeres y que por fin se logró, incluso se superó, la racha de desigualdad de género. Sin embargo, si regresamos a las tablas de densidad poblacional, en los tres estados existen más mujeres que hombres.

Otro dato cualitativo que puedo argumentar, es que la doble y hasta triple jornada laboral son cada vez más frecuentes para las mujeres en los países del llamado tercer mundo (Castro, 1996). La pobreza acrecienta la desigualdad hacia las mujeres jefas de familia, y una de sus consecuencias es precisamente cuando éstas tienen que cumplir con dos o más actividades diarias o frecuentes para cubrir el sustento material de su casa y a la vez abarcar sus aspiraciones profesionales. Este dato cualitativo puede explicar el porqué existen políticas públicas con perspectiva de género.

Por último, presento el ranking según promedio de años de educación (ver Mapa 2), Sinaloa se encuentra en el primer lugar como el único estado que supera el objetivo de educación; mientras que Chihuahua y Durango, no consiguen llegar a la meta, quedando en segundo y tercer lugar, respectivamente.

Infraestructura social

Para analizar la infraestructura social, utilicé tres ponderadores medibles dentro de los datos del INEGI: electricidad, disponibilidad de agua al interior y drenaje. Antes de continuar, debo aclarar que reduje la base de datos respecto a la disponibilidad de agua dentro de los hogares por dos criterios: tener agua entubada dentro de las viviendas presupone mejores condiciones de salud y mayor tiempo disponible, la disminución de tiempo en el acarreo de agua para las actividades básicas dentro de la vivienda, tanto para limpieza del hogar, personal y manejo de los alimentos, implica que las personas dedicarían el tiempo en otro tipo de actividades. Por otro lado, siguiendo las indicaciones de las Naciones Unidas, estos servicios son requisitos mínimos para que las personas logren un desarrollo aceptable. A continuación presento el despliegue visual de la información:

Ocupantes de viviendas particulares habitadas de Chihuahua, Durango y Sinaloa según disponibilidad de energía eléctrica, agua entubada y drenaje.

Entidad federativa	Energía			Agua Entubada			Drenaje		
	Disponen	No disponen	No especificado	Disponen	No disponen	No especificado	Disponen	No disponen	No especificado
Chihuahua	3,155,845	124,103	11,717	2,872,203	407,745	11,717	3,031,350	237,388	22,927
Durango	1,528,605	66,834	4,704	1,186,697	414,758	4,704	1,401,900	184,305	13,938
Sinaloa	2,708,414	30,492	8,522	2,040,641	410,940	8,522	2,502,314	222,002	23,112

Tabla 7: Acceso a cobertura de servicios básicos en el triángulo dorado.
Fuente: Elaboración propia a partir de datos del INEGI 2010.

Mapa 3: Elaboración propia.

El contraste de los estados en este nivel sólo se puede observar de forma comparativa ponderando los datos por porcentajes. Si observamos por separado los estados en la tabla 1, en Chihuahua y Durango se observa la mayor cantidad de viviendas que no disponen de energía eléctrica. En cambio, si observamos la cantidad de casas sin agua entubada al interior, existe la misma cantidad en todos los estados, pero aquí hay que tener cuidado con la observación, porque Chihuahua tiene el mayor porcentaje de hogares que disponen del servicio, seguido de Sinaloa y Durango, respectivamente, quedando estos estados muy por debajo del porcentaje de agua entubada. En la disponibilidad del drenaje, Chihuahua vuelve a quedar por encima del ranking, seguido por Sinaloa y Durango, respectivamente; sin embargo, la falta de cobertura en este rubro no deja de ser dramática si tomamos en cuenta que el servicio está por debajo del de la energía eléctrica, situación que contribuye a una exclusión social hacia aquellos sectores de la población que carecen del servicio.

Como se puede observar en el Ranking de Infraestructura Social (ver Mapa 3), Chihuahua se encuentra en el primer lugar de cobertura, antes que Sinaloa y Durango. Aunque los tres estados no le ofrezcan cobertura total a su ciudadanía, más de la mitad de la población tiene acceso a estos servicios. A pesar que esta situación influya en que la sociedad de un paso más hacia el desarrollo humano esperado, todavía no es suficiente, pues sólo es uno de los elementos necesarios.

Salud

La Organización Mundial de la Salud (OMS), autoridad directiva y coordinadora de la acción sanitaria dentro del sistema de las Naciones Unidas, en el Reglamento Sanitario Internacional del 2005 establece que: "La cobertura sanitaria universal combina el acceso a los servicios necesarios para lograr una buena salud y una protección financiera para prevenir la mala salud que conduce a la pobreza (OMS, 2015)".

Tomé en cuenta la variable socioeconómica que se relaciona con la salud a partir de la condición de derechohabientes a servicios de salud pública, semipública y privada: IMSS; ISSSTE; Pemex, Defensa o Marina; Seguro Popular o para una Nueva Generación; instituciones privadas y otras instituciones:

Tabla 8: Acceso a derecho habiencia de salud en el triángulo dorado.
Fuente: Elaboración propia a partir de datos del INEGI 2010.

El sesgo que puede contener esta información es que, en el caso de la cobertura semipública, sólo están contabilizadas las personas que tienen un trabajo formal, y no hay forma de saber si están dentro del seguro popular, particular o utilizan la medicina tradicional. Para facilitar la lectura de los datos, traduje los resultados a porcentajes. A continuación se muestra el desplegado en porcentajes:

Tabla 9: Porcentaje de acceso a la salud en el triángulo dorado.
Fuente: Elaboración propia a partir de datos del INEGI 2010.

123

Entidad federativa	Sexo	Población total	Condición de derechohabiencia a servicios de salud					
			Derechohabiente	No derechohabiente	No especificado	Derechohabiente %	No derechohabiente %	No especificado %
Chihuahua	Hombres	1,692,545	1,201,937	431,275	59,330	71.0	25.5	3.5
	Mujeres	1,713,920	1,287,364	367,692	58,864	75.1	21.6	3.4
	Total	3,406,465	2,489,301	798,970	118,194	73.1	23.5	3.5
Durango	Hombres	803,890	532,229	255,745	15,919	66.2	31.8	2.0
	Mujeres	829,044	581,267	231,637	16,140	70.1	27.9	1.9
	Total	1,632,934	1,113,483	487,382	32,059	68.2	29.8	2.0
Sinaloa	Hombres	1,376,201	995,866	372,136	8,179	72.4	27.0	0.6
	Mujeres	1,391,580	1,078,162	305,068	8,330	77.5	21.9	0.6
	Total	2,767,781	2,074,048	677,204	16,509	74.9	24.5	0.6

En los resultados, podemos observar un elemento que afecta la calidad de vida de las personas: más de una cuarta parte de los habitantes del triángulo dorado no tiene acceso a la salud. Esta situación pone en grave peligro la seguridad de la población de escasos recursos, quien no cuenta con los medios económicos para enfrentar una enfermedad grave, ni con el respaldo del gobierno para salir adelante en su proyecto de vida. Por otro lado, en este rubro, encontramos que Sinaloa tiene el mayor porcentaje de personas con acceso a la salud, seguido de Chihuahua y Durango. Éste es el desplegué geográfico del ranking:

Mapa 4: Elaboración propia.

124

Si nos quedamos con los datos que hemos analizado hasta el momento, podríamos deducir que Chihuahua es el estado con mayor calidad de vida, pero recordemos que el desarrollo humano no sólo se relaciona con el acceso a los servicios básicos de infraestructura y salud. Veamos que sucede cuando complejizamos el problema con indicador que contenga un aspecto relacionado con la salud emocional y física de las personas y el resguardo de sus bienes patrimoniales, como es la incidencia del delito y la percepción de seguridad.

Incidencia del delito y percepción de inseguridad

Durante las últimas décadas el tema de la seguridad se ha vuelto una de las prioridades para el desarrollo humano. En México, el Artículo 21 de la Constitución contempla la seguridad pública como una función que comparten los tres niveles de gobierno, y desde el 2001 la presidencia de la República vislumbra que es prioritaria para el desarrollo social de la nación (Moloesnik, 2005). Es así que se establece la seguridad como política pública que identifica los distintos pilares en materia de seguridad pública, como lo señala el sociólogo, Marcos Pablo Moloeznik:

> (...) i] la decisión de considerar al crimen organizado una amenaza a la seguridad nacional, y, por ende, empeñar a las Fuerzas Armadas en su combate; ii] la búsqueda de la coordinación de esfuerzos mediante la creación del Sistema Nacional de Seguridad Pública; iii] la génesis de la Policía Federal Preventiva; iv] el nacimiento de la Secretaría de Seguridad Pública, y v] la transformación de la Policía Judicial

Federal en Agencia Federal de Investigación (Moloesnik, 2005).

Según el mismo autor: "la inseguridad pública constituye la mayor preocupación y demanda de la sociedad mexicana (Moloesnik, 2008: 15)". Una línea de acción dentro de las cinco metas del Gobierno de la República 2013-2018, es la estrategia México en Paz, en la cual se reconoce que la violencia y la seguridad deterioran las condiciones para el crecimiento y el desarrollo del país (Gobierno de la República, 2014). Dicha estrategia señala que la seguridad pública es una "asignatura pendiente"; por lo tanto, el Estado está reconociendo su importancia para sanar las relaciones ciudadanía-Estado que se fueron deteriorando ante la insuficiencia del gobierno del Presidente Felipe Calderón Hinojosa (2006-2012), para bajar la ola de violencia. Esta estrategia contempla "coadyuvar con las instancias de seguridad pública de los tres ámbitos de gobierno para reducir la violencia hasta la total consolidación y reestructuración de las policías" (Gobierno de la República, 2014: 6).

El Instituto Nacional de Estadística y Geografía (INEGI), realizó la Encuesta Nacional de Victimización y Percepción sobre Seguridad Pública 2013 (ENVIPE), con el fin de conocer la apreciación de las/os mexicanos acerca del fenómeno de victimización delictiva durante el 2012. La encuesta se realizó a la población 18 años y más . También se midió la percepción social respecto a la seguridad pública y sobre el desempeño de las autoridades. Entre los resultados a destacar, se aprecia que el 32.4% de los hogares encuestados sufrieron al menos un delito en 2012; mientras que el 72.3% de la población de 18 años y más, pudo percibir la inseguridad dentro de su entidad federativa (INEGI/ENVIPE 2013).

La ENVIPE estima que hubo 21,603,990 víctimas del delito durante 2012. El aumento significativo en los delitos se incrementó significativamente en comparación con el 2010 y 2011. Entre los más frecuentes están: robo o asalto en la calle o el transporte público, extorsión y robo de vehículos (INEGI/ENVIPE 2013). En la siguiente gráfica se observa el aumento en la tasa de víctimas de delito entre 2010 y 2012:

7 Estas encuestas toman en cuenta a personas que no han denunciado ser víctimas de un delito. El tamaño de la muestra fue nacional y se aplicó en 95,810 viviendas en todos los estados de la República Mexicana.

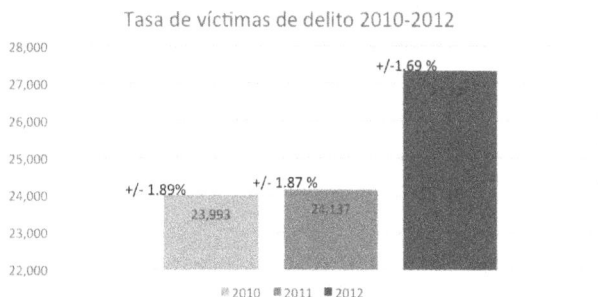

Gráfica 1: Fuente ENVIPE/INEGI 2013.

En el 2012, la percepción de seguridad según la misma encuesta, en todos los estados, la ciudadanía sintió amenazada su seguridad:

Percepción de seguridad en entidad federativa según ENVIPE 2012			
Entidad federativa	Seguro	Inseguro	No responde
Chihuahua	1,326	7,050	158
Durango	1,612	8,153	161
Sinaloa	2,765	10,504	214

Tabla 10: Percepción de seguridad en el triángulo dorado (2012). Fuente: Elaboración propia a partir de datos del ENVIPE/INEGI.

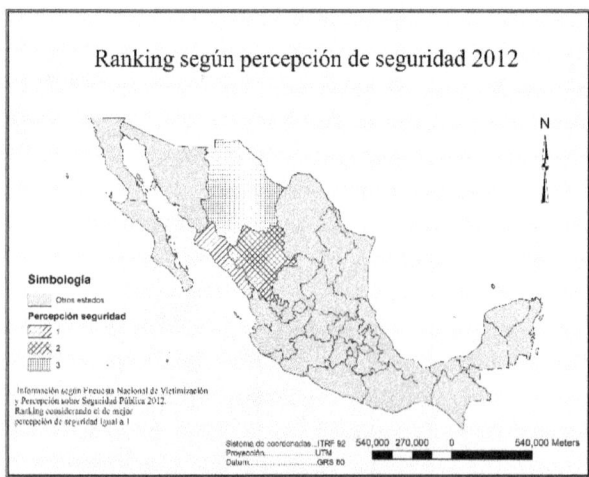

Mapa 5: Elaboración propia.

Incidencia por tipo de delito según entidad federativa según ENVIPE 2012			
Tipo de delito	Entidades federativas		
	Chihuahua	Durango	Sinaloa
Robo total de vehículo (automóvil, camioneta, camión)	133	60	106
Robo de accesorios, refacciones o herramientas de vehículos (automóvil, camioneta, camión)	305	260	266
Robo en su casa habitación	211	175	231
Robo o asalto en la calle o en el transporte público (incluye robo en banco o cajero automático)	139	76	245
Robo en forma distinta a los anteriores	40	31	65
Clonación de tarjeta (crédito o débito) y fraude bancario	69	19	95
Entrega de dinero por un producto o un servicio que no recibió conforme a lo acordado (fraude)	15	22	35
Amenazas, presiones o engaños para exigirle dinero o bienes, o para que hiciera algo o dejara de hacerlo (extorsión)	144	177	206
Amenazas verbales de alguien plenamente identificado y que le causaron temor real	64	61	123
Lesiones por una agresión física	34	20	36
Secuestro para exigir dinero o bienes	2	2	2
Hostigamiento, manoseo, exhibicionismo, intento de violación	3	14	18
Violación sexual	2	1	1
Otros delitos distintos a los anteriores		1	8
Total de las tres entidades federativas	1,309	1,018	1,566

Tabla 11. Cuadro de delitos en el triángulo dorado durante el 2012. Fuente: Elaboración propia a partir de datos del ENVIPE/INEGI.

En 2014 los resultados fueron los siguientes:

Percepción de seguridad en entidad federativa según ENVIPE 2014

Entidad federativa	Seguro	Inseguro	No responde
Chihuahua	587	1957	75
Durango	613	1914	75
Sinaloa	923	2576	55

Tabla 12: Percepción de seguridad en el triángulo dorado (2014). Fuente: Elaboración propia a partir de datos del ENVIPE/INEGI.

129

Mapa 6: Elaboración propia.

Incidencia por tipo de delito según entidad federativa según ENVIPE 2014

Tipo de delitos	Entidades federativas		
	Chihuahua	Durango	Sinaloa
Robo total de vehículo (automóvil, camioneta, camión)	77	48	57
Robo de accesorios, refacciones o herramientas de vehículos (automóvil, camioneta, camión)	296	208	230
Pinta de barda o grafiti en su casa, mayores intencionales en su vehículo u otro tipo de vandalismo	166	163	171
Alguien entró a su casa o departamento sin permiso mediante el uso de la fuerza o por engaños y robó o intentó robar algo	201	141	254
Robo o asalto en la calle o en el transporte público (incluye robo en banco o cajero automático)	149	106	207
Robo en forma distinta a la anterior	23	14	91
Alguien usó su chequera, número de tarjeta o cuenta bancaria sin su permiso para realizar cargos o para extraer dinero de sus cuentas(fraude bancario) o le dio dinero falso	49	21	69
Entregó dinero por un producto o un servicio que no recibió conforme a lo acordado (fraude al consumidor)	49	37	62
Amenazas, presiones o engaños para exigirle dinero o bienes; o para que hiciera algo o dejara de hacerlo (extorsión)	176	176	193
Amenazas verbales de alguien plenamente identificado o por escrito hacia su persona diciendo que se le va a causar un daño a usted, a su familia, a sus bienes o su trabajo	81	56	159
Alguien sólo por actitud abusiva o por una discusión lo(a)golpeó generándole una lesión física (moretones, fracturas,cortadas, etc.)	26	24	49
Lo secuestraron para exigir dinero o bienes	1	1	2
Alguien en contra de su voluntad lo(a) agredió mediante hostigamiento sexual, manoseo, exhibicionismo o intento de violación	9	11	15
Fue obligado(a) mediante violencia física o amenazas por alguien conocido o desconocido a tener una actividad sexual no deseada (Violación sexual)	1	3	2
Otros delitos distintos a los anteriores	3	7	5
Total de las tres entidades federativas	1309	1018	1566

Tabla 13: Cuadro de delitos en el triángulo dorado durante el 2012.

Fuente: Elaboración propia a partir de datos del ENVIPE/INEGI.

130

ANEXO 6

Diagnostico General.

El Centro Cultural Paso del Norte a partir de su inauguración en el mes de diciembre del 2006, se transformó en el espacio cultural más importante en cuanto a infraestructura se refiere en todo el norte del país, y suroeste de los Estados Unidos de Norteamérica.

Diseñado arquitectónicamente con una anatomía moderna y funcional cuenta con una excelente distribución física que incluye un Teatro principal al cual se le ha dado el nombre del dramaturgo chihuahuense Víctor Hugo Rascón Banda, y un teatro experimental también denominado Octavio Trías.

Cuenta además con un vestíbulo principal, un área de restaurante y cafetería, salón de usos múltiples, área de exposiciones, explanadas y camerinos muy confortables que le permitirán tener espectáculos de gran calidad en las diferentes disciplinas artísticas (música, danza, teatro, exposiciones), congresos, conferencias, etc.

Uno de los retos muy importante del Centro Cultural será la sustentabilidad en el manejo y operación del mismo, por lo cual es muy significativo ir trabajando hacia una Planeación Estratégica en primera instancia que nos permita ir integrando la diferentes funciones que requiere cada área o departamento y en segunda instancia como un reto a corto y mediano plazo conformar un Plan de Manejo Operativo con una proyección a 10 años.

Derivado de los primeros acercamientos que se ha tenido con el personal ya contratado en el Centro Cultural e ir conociendo poco a poco la operación y funcionalidad del espacio es que me atrevo a presentar una Propuesta General que queda a discusión para retomarse como una Planeación Estratégica del Centro Cultural Paso del Norte. Así mismo será muy importante trabajar con todos los actores internos y externos con una metodología aplicada en la conformación del Plan de Manejo Operativo que bien pudiera desarrollarse en este mismo año.

Otro aspecto de gran trascendencia para la operación del centro cultural es definir una estructura económica que le permitan solventar la conservación, operación y financiamiento de diferentes programas del mismo, por lo cual también me permitiré recomendar algunas propuestas que creo pudieran resultar operantes.

OBJETIVOS.

1. Definir el rumbo del Centro Cultural Paso del Norte y la Representación Juárez a través del establecimiento de políticas culturales que acrecienten la cobertura y la equidad en la oferta de bienes y servicios culturales en la región, a fin de desarrollar un modelo de gestión que asegure un avance democrático en la sociedad por medio del desarrollo artístico y cultural.

2. Realizar evaluaciones periódicas sobre la gestión institucional para asegurar el cumplimiento de metas y objetivos; así como planear, diseñar e implementar proyectos de modernización administrativa diversos que permitan tener un funcionamiento más eficiente al interior del Centro, creando procesos más eficaces.

3. Implementar y promover los programas de mantenimiento integral del Centro, cuyas acciones contemplen la atención al nmueble, instalaciones, sistemas y equipos.

4. Optimizar los recursos de la entidad, suministrando oportunamente bienes y servicios a cada una de las áreas.

5. Asignar y controlar los recursos económicos destinados a los departamentos para el desarrollo de sus actividades, así como informar a la Administración y a la Dirección General.

6. Impulsar la difusión, comercialización y registro de la oferta del CCPN, así como sus relaciones públicas interinstitucionales e incrementar el acercamiento de los diversos sectores de la comunidad.

7. Propiciar el montaje de exhibiciones temporales de calidad, con curadurias especializadas y con apego estricto a la normatividad en la materia y con una visión internacional que contemple servicios y actividades paralelas.

133

8. Fortalecer la seguridad en el CCPN, desde una perspectiva integral que considere la instalación de nuevos sistemas y equipos, la formación de personal, así como el mantenimiento de los existentes, para la protección del inmueble, equipos, visitantes y trabajadores.

9. Impulsar la creación de un Fideicomiso y un Patronato del CCPN que permita tener una sustentabilidad y fortalecimiento operativo del mismo.

10. Implementar un Programa de Animación Cultural del CCPN y vincularse con instituciones educativas y culturales para el fortalecimiento del espacio.

11. Lograr a corto plazo la integración de un Plan de Manejo Operativo del CCPN que garantice su funcionamiento por 10 años.

LINEAS DE ACCION:

• Elaborar proyectos sobre la creación, modificación, organización de las diferentes áreas del centro cultural.

• Tener permanentemente comunicación continua con las instancias estatales en el área de Políticas Culturales.

• Realizar convenios con la Universidad Autónoma de Ciudad Juárez para el manejo del restaurante y librería del CCPN.

• Establecer reglamentos internos de uso del Centro Cultural que permitan un mejor control de los espacios.

134

• Establecer convenios de cooperación con instituciones de los Estados Unidos, específicamente con el departamento de Arte de El Paso Texas.

• Vincularse con el Instituto Nacional de Bella Artes para la conformación de un Programa Cultural. Capacitación.

• Impulsar la participación de la comunidad artística para el desarrollo de proyectos regionales.

OBJETIVO: Realizar evaluaciones periódicas sobre la gestión institucional para asegurar el cumplimiento de metas y objetivos; así como planear, diseñar e implementar proyectos de modernización administrativa diversos que permitan tener un funcionamiento más eficiente al interior del Centro, creando procesos más eficaces.

ESTRATEGIAS:

• Tener un modelo de administración apegada a los lineamientos del Instituto Chihuahuense de la Cultura.

• Buscar alianzas con otros centros culturales del país para conocer modelos de gestión.

• Realizar convenios de cooperación con centros de capacitación en el área administrativa.

LINEAS DE ACCION:

• Planear, diseñar, coordinar y ejecutar proyectos diversos de modernización administrativa al interior del Centro Cultural.

- Supervisar que se mantengan actualizados los sistemas de información establecidos por las diversas instancias del gobierno estatal.
- Contar con un Programa de Control interno de los recursos humanos, financieros y materiales del Centro.
- Diseñar programas de capacitación continua en las áreas del Centro Cultural.
- Establecer mecanismos de coordinación con la Oficina de Operación de Teatros, así como con las Administración del ICHICULT.

OBJETIVO: Implementar y promover los programas de mantenimiento integral del Centro, cuyas acciones contemplen la atención al inmueble, instalaciones, sistemas y equipos.

ESTRATEGIAS: Mantener una vinculación directa con los proveedores de los equipos y maquinaria instalados en el centro cultural.

Vincularse con la Universidad Autónoma de Ciudad Juárez para la celebración de convenios de colaboración para servicio social y práctica profesional.

Vinculación con la Asociación de la Industria Maquiladora para garantizar apoyos en especie para los mantenimientos de los equipos y sistemas del centro.

Vinculación con instancias de gobierno estatal y municipal que garanticen su apoyo para mantenimiento de explanada del centro cultural.

136

LINEAS DE ACCION:

- Establecer el programa anual de mantenimiento preventivo y correctivo en maquinaria y equipo.

- Desarrollar las acciones necesarias para mantener y mejorar las condiciones arquitectónicas del inmueble.

- Apoyar a las diferentes áreas que integran el Centro para la realización de las actividades programadas que lo requieran.

- Coordinar la operación de la Comisión de Seguridad e Higiene, según los lineamientos que la ley establece.

- Administrar adecuadamente los servicios básicos para su mejor aprovechamiento.

OBJETIVO: Optimizar los recursos de la entidad, suministrando oportunamente bienes y servicios a cada una de las áreas.

ESTRATEGIAS: Desarrollo de catálogo de puestos que garanticen el conocimiento profundo de cada área de trabajo.

Desarrollo de diagnósticos de cada área de trabajo.

LINEAS DE ACCION:

- Proveer oportunamente los bienes y servicios para el cumplimiento de los objetivos del centro al mejor precio y calidad.

- Elaborar políticas y formatos de control que permitan una mayor eficiencia administrativa.

137

- Implementar mecanismos de control de mercancías y materiales del Centro Cultural.

OBJETIVO: Asignar y controlar los recursos económicos destinados a los departamentos para el desarrollo de sus actividades, así como informar a la Administración y a la Dirección General.

LINEAS ESTRATEGICAS.

- Desarrollo de manuales y procedimientos administrativos apegados a la política del ICHICULT
- Desarrollo de auditorías internas en el manejo de los recursos.
- Implementar mecanismos de control interno en las áreas del Centro Cultural.

LINEAS DE ACCION:

- Desarrollar estados financieros mensuales para informar a la Dirección General e instancias gubernamentales del estado que guardo el Centro Cultural.
- Formular informes presupuestales en forma mensual para informar a la Dirección General, a fin de facilitar la toma de decisiones correspondientes.
- Atender en tiempo las obligaciones fiscales, según lo determinen las Leyes Federales, estatales y municipales.

138

- Atender diversos informes para las diferentes instancias en materia financiera-presupuestal.

OBJETIVO: Impulsar la difusión comercialización y registro de la oferta del CCPN, así como sus relaciones públicas interinstitucionales e incrementar el acercamiento de los diversos sectores de la comunidad.

ESTRATEGIAS:

1. Vinculación con los diferentes organismos empresariales de la entidad para la promoción del Centro Cultural.

2. Vinculación con los diversos sectores gubernamentales de Chihuahua, El Paso Texas, Nuevo México y áreas circunvecinas que nos permitan dar a conocer el espacio.

3. Celebrar convenios de comercialización con empresas privadas para la promoción del Centro Cultural.

4. Realizar convenios con Universidades para la canalización de recursos humanos como prestadores de servicio social y prácticas profesionales.

5. Diseñar campañas de promoción y difusión de los diferentes servicios que ofrece el Centro Cultural.

6. Realizar convenios con la industria hotelera de la entidad a efecto de que promocionen el espacio.

139

7. Establecer nexos con las organizaciones de la sociedad y con instituciones de educación superior para que impulsen programas de difusión cultural.

LINEAS DE ACCION:

- Realizar campañas publicitarias en radio, televisión, prensa para la promoción del centro.

- Realizar a través de la Universidad Autónoma de Ciudad Juárez una campaña de imagen del Centro Cultural, y contar con su

- Promover la asistencia de los públicos diversos a los eventos organizados por el propio centro, así como los organizados por promotores externos en el uso del mismo.

- Llevar a cabo mediciones y estándares de servicios de calidad que se ofrecen al visitante.

- Realizar las campañas de difusión para el programa cultural propio del centro.

- Apoyar ampliamente en la difusión de las actividades propias del ICHICULT como parte de la red institucional de la cual forma parte.

- Implantar las estrategias integrales de comunicación.

- Fortalecer la relación con los medios de comunicación

- Impulsar la participación de la sociedad en el financiamiento de sus proyectos culturales.

- Integrar directorios de públicos potenciales para implementar las estrategias de difusión de la oferta a

140

sectores empresariales, turísticos y sociales. Cubrir los diversos nichos del mercado.

• Ejecutar un programa de mercadeo para atender a un sector más amplio de nuestros usuarios.

OBJETIVO: Propiciar el montaje de exhibiciones temporales de calidad, con curadurias especializadas y con apego estricto a la normatividad en la materia y con una visión internacional que contemple servicios y actividades paralelas.

ESTRATEGIAS.

1. Formar recursos humanos calificados en investigación museográfica y montajes para el Centro Cultural.

2. Fomentar la participación de los diversos sectores que intervienen en la educación y la investigación artística, en el diseño y desarrollo de programas de exposiciones.

3. Promover la participación de artistas y promotores en la definición y evaluación del programa de exposiciones.

4. Consolidar un programa de exposiciones en el Centro Cultural que permitan ofrecer una alternativa de servicio a la comunidad.

5. Explorar fuentes de financiamiento que promuevan y faciliten la participación del sector privado en patrocinio de exposiciones foráneas.

6. Contar con mobiliario museográfico adecuado al Centro Cultural que no modifique el entorno arquitectónico.

LINEAS DE ACION:

- Promover un Programa de Exposiciones Temporales partir del 2008 con museos y centros culturales del país.
- Impulsar un Programa de Exposiciones Regionales temporales a partir del 2008..
- Alentar la participación del sector privado en el financiamiento de los proyectos culturales y proponer mecanismos alternativos de financiamiento para los grupos de instituciones culturales.
- Establecer una mayor vinculación con los fondos estatales de cultura, a fin de compartir y establecer programas conjuntos..
- Diversificar la oferta cultural institucional en el ámbito de las exposiciones que presentará el Centro Cultural.
- Formar parte de la red de espacios alternativos que requiere el FESTIVAL INTERNACIONAL CHIHUAHUA.
- Establecer mecanismos de control que nos lleven a presentar muestras de calidad en el espacio alternativo del Centro Cultural

OBJETIVO: Impulsar la creación de un Fideicomiso y un Patronato del CCPN que permita tener una sustentabilidad y fortalecimiento operativo del mismo.

ESTRATEGIAS:

1. Consolidar la estructura de organización del Centro Cultural a través de una administración transparente.

2. Promover la integración de un grupo de empresarios que participen en la conformación de un Fideicomiso para generar propuestas orientadas a encontrar soluciones de fondo al mantenimiento del inmueble.

3. Promover la celebración de convenios de colaboración con entidades gubernamentales para la generación de proyectos que coadyuven al sostenimiento del Centro Cultural.

4. Favorecer los mecanismos de colaboración y concertación administrativa a través de la integración de un Patronato que atienda necesidades del Centro Cultural, especialmente en el rubro de mantenimiento y proyectos de animación cultural.

LINEAS DE ACCION:

- Vinculación con empresarios y macas comerciales reconocidas para la integración de un FIDEICOMISO de ADMNISTRACION, que permita coadyuvar al sostenimiento del Centro Cultural.

- Vinculación con la iniciativa privada en donde empresarios de menor escala coadyuven a traves de un PATRONATO a dotar de recursos económicos, materiales diferentes proyectos culturales, así como necesidades de menor grado del Centro Cultural.

143

- Realizar campañas financieras del Centro Cultural con el apoyo del Patronato AMIGOS del CCPN.

- Impulsar un Programa de Fortalecimiento de equipos de multimedia para las áreas del CCPN a través de la Industria Maquiladora.

- Impulsar una campaña de difusión para recaudar equipo electrónico no contemplado en el proyecto original del CCPN.

- Promover la participación de organismos internacionales para la aportación de recursos.

- Aprovechar los fondos disponibles para una adecuada planeación del CCPN.

CONSIDERACIONES DEL OBJETO SOCIAL DEL PATRONATO DEL CCPN.

• Diseñar, planear y ejecutar programas y acciones de beneficios sociales y culturales, destinados a poner al alcance de los ciudadanos los bienes y servicios culturales propios de su naturaleza y a contribuir con ellos a mejorar la calidad de vida de los chihuahuenses.

• Diseñar, planear y ejecutar programas y acciones tendientes a la promoción del arte y la cultura entre educandos, procurando en todo momento generar en ellos el apego a los valores culturales como parte de su formación integral; así como difundir los bienes y servicios culturales entre estudiantes, maestros e investigadores de las instituciones de educación superior de la región.

144

• Preservar y difundir dentro y fuera del país, e patrimonio cultural y la obra de artistas, creadores e intelectuales de la región en coordinación y participación con todos los sectores de la sociedad y de los niveles de gobierno.

• Organizar e implementar talleres, cursos, seminarios, conferencias foro de análisis y en general todas aquellas actividades intelectuales y culturales orientadas a ampliar las opciones de disfrute y aprecio de las manifestaciones artísticas y culturales, fomentando a la vez la participación de la comunidad de Ciudad Juárez.

• Contribuir de manera permanente al impulso de la Escuela de Artes Escénicas, así como generar oportunidades para que otras entidades públicas, privadas o sociales ofrezcan bienes y servicios culturales.

• Diseñar, elaborar y en su caso editar e imprimir todo tipo de publicaciones artísticas y culturales afines a su naturaleza tales como libros, folleos, revistas, periódicos o cualquier otro tipo de documentos escritos, audiovisuales o multimedia.

• Estrechar la vinculación académico-cultural como personas físicas o morales del sector público, privado y social, con instituciones y universidades del país y del extranjero, que desarrollen acciones afines mediante la firma de contratos y convenios específicos a efecto de racionalizar recursos y ampliar las acciones culturales.

• Adquirir, enajenar, arrendar bienes muebles e inmuebles y en general realizar cualquier tipo de actos de dominio que

145

beneficien a la sociedad y que estén orientados a la generación de recursos propios para cumplir con su objeto social.

• Recibir donativos de personas físicas o morales y destinarlos al cumplimiento de su objeto social.

• Fortalecer los programas de colaboración y apoyo que tienen por objeto brindar un servicio público a la clase educativa y trabajadora por medio de los diversos convenios con que cuenta el Centro Cultural Paso del Norte.

OBJETIVO: Lograr a corto plazo la integración de un Plan de Manejo Operativo del CCPN que garantice su funcionamiento por 10 años.

ESTRATEGIAS: Utilizar una metodología aplicada para la conformación de Plan de Manejo que integre a todo el personal de Centro Cultural, del Instituto Chihuahuense de la cultura y a la Oficina de Teatros y museos de sitio.

Integrar la participación de algunos empresarios interesados en conformar el Patronato del Centro Cultural.

LINEAS DE ACCION:

- Desarrollar una calendarización para la implementación del Plan de manejo.
- Presentar una propuesta de trabajo del Plan al personal del Centro Cultural
- Elaborar el Plan de Manejo para los años siguientes.

PROCESO DEL PLAN DE MANEJO DEL CENTRO CULTURAL
PASO DEL NORTE Y REPRESENTACION JUAREZ.

Conformación del grupo de planeación

Documentación (contexto social y físico del centro)

Conformación de las mesas de trabajo

Diagnostico por campos de acción

Identificación del problema   (urgentes – importantes – trascendentes.)

Identificación del significado cultural

Construcción de la misión

Construcción de la visión

Construcción de objetivos generales

Definición de principios de manejo

Definición de proyectos y acciones.

Integración del plan de manejo.

147

ANEXO 7

FUNCIOGRAMA

Insti... ...ense de la Cultura, organigrama Ciudad Juárez.

DIRECTOR GENERAL KONELT

JEFE DE TRABAJO Y SEGUROS DE SIEKO

DIRECCIÓN CDPN / MIGUEL ANGEL MENDOZA RANGEL

COORDINACIÓN REGIONAL

JEFE DE LA REPRESENTACIÓN JORGE HUMBERTO CANALIZ

CONTADOR LAURA PEÑA

AUXILIAR CONTABLE ZEIS SANCHEZ

SERVICIOS GENERALES VICTOR GALLARDO

PONEDOR CULTURALES KONELT / ALEJANDRO ARREOLILES / MELISSA MARTINEZ

SECRETARIA ADMINISTRATIVA

BIBLIOTECA PARQUE CENTRAL

UNIDAD DE PRODUCCIÓN Y OPERACIÓN DE PROYECTOS CULTURALES

PABLO ALVAREZ / JESUS JOSE SILLERIA / CARLOS HERNANDEZ

CONTADOR PERLA REYES

AUXILIAR CONTABLE ANA NODRIGUEZ

COORDINACIÓN PATRIMONIO PERLA PENICHE

JEFE DE PATRIMONIA MANUEL GONZALEZ

SERVICIOS SUBROGADOS (12)

ASISTENTE DE DIRECCIÓN GLADYS SANCHEZ

SECRETARIA OFICINA PATRICIA GONZALEZ

AUXILIAR SERVICIOS CARLOS RUIZ

JEFE DE MANTENIMIENTO ROBERTO CAMACHO

TECNICOS EN MANTENIMIENTO (4)

ACCIÓN Y DIFUSIÓN CULTURAL ... VICENTE FERNANDEZ

JEFE DE FORO SANDRO GARCIA

JEFE AUDIO Y VIDEO JUAN ERICA

...DE TRAMOYA DARIO MESTA

COS EN TRAMOYA (4)

TECNICOS EN AUDIO Y VIDEO (4)

JEFE DE SR CARLOS A

SERVICIOS SU (12)

Coordina...

Instituto Chihuahuense de la Cultura

FUNCIOGRAMA

JEFE DE LA REPRESENTACION DEL ICHICULT JUAREZ

*

1. Planear, organizar, difundir y controlar todas las actividades del instituto en la plaza.

2. Establecer las políticas generales de conformidad con la ley y aplicar planes y programas del instituto.

3. Gestionar ante las diversas instancias los recursos para el posicionamiento y desarrollo del instituto, así como administrar y optimizar recursos.

4. Representar y llevar la agenda del Director General del instituto en la plaza.

5. Representar y difundir la imagen institucional ante los diversos estratos sociales, económicos y culturales relacionados con los programas del instituto.

6. Planear, organizar y promover el Fondo del Parque Central para la realización y aplicación optima de sus recursos.

7. Gestionar ante quien corresponde los presupuestos, programas operativos y asignación de recursos financieros correspondientes.

8. Establecer los mecanismos necesarios que coadyuven a mantener y establecer niveles óptimos de comunicación interna y externa así como promover y mantener un nivel optimo del clima organizacional de la institución.

9. Salvaguardar los recursos humanos, materiales, financieros y tecnológicos patrimonio de la institución.

10. Apoyar y colaborar en la implementación de todas las actividades del Festival Internacional Chihuahua en la plaza.

11. Impulsar la formación y capacitación cultural de la sociedad así como promover el intercambio entre creadores y promotores en diferentes foros artísticos y culturales.

12. Organizar, promover y difundir el Encuentro de Literatura en el Bravo.

149

www.ingramcontent.com/pod-product-compliance
Lightning Source LLC
Chambersburg PA
CBHW020207200326
41521CB00005BA/283